August Theodor von Grimm

Reiseeindrücke eines russischen Militärarztes

während der Expedition nach Chiwa

August Theodor von Grimm

Reiseeindrücke eines russischen Militärarztes
während der Expedition nach Chiwa

ISBN/EAN: 9783743441293

Hergestellt in Europa, USA, Kanada, Australien, Japan

Cover: Foto ©Andreas Hilbeck / pixelio.de

Weitere Bücher finden Sie auf **www.hansebooks.com**

REISE-EINDRÜCKE

EINES

RUSSISCHEN MILITAIR-ARZTES

WÄHREND DER

EXPEDITION NACH CHIWA

VON

Dr. GRIMM.

ST. PETERSBURG
Kaiserliche Hofbuchhandlung H. SCHMITZDORFF (CARL RÖTTGER)
1874

Дозволено Цензурою. С.-Петербургъ, 9 января 1871 года.

Buchdruckerei von RÖTTGER & SCHNEIDER, Newsky Prospect № 5.

Reise-Eindrücke eines russischen Militair-Arztes während der Expedition nach Chiwa.

Von

Dr. Grimm.

Am 5. Januar 1873 wurde mir höchsten Orts der Vorschlag gemacht, als Bevollmächtigter der Gesellschaft für verwundete und kranke Krieger an der Expedition nach Chiwa Theil zu nehmen, und wurden mir zugleich ein Arzt, 4 Feldscheere, 1 Feldwebel und 17,000 Rubel S. zur Verfügung gestellt. Nachdem ich aus den zur Krankenpflege nöthigen Lazareth-Gegenständen, Medicinal- und Erfrischungs-Mitteln einen Waarenvorrath von ca. 300 Pud Gewicht zusammengestellt hatte, reiste ich in Begleitung der mir beigegebenen Mannschaften am 28. Januar 1873 per Eisenbahn nach Ssaratow ab. Von dort aus setzten wir unsern Weg (der Waarenvorrath ward nunmehr auf 12 Schlitten verpackt) nach Orenburg in 3 Abtheilungen zu je 4 Schlitten fort. Zur Reise hatten wir uns mit allem Nöthigen, z. B. Lebensmitteln, Stricken, Matten, Filzdecken etc. versehen. Die Reise bis Orenburg bot schon viele Schwierigkeiten, da einerseits Mangel an Pferden auf den Poststationen, andererseits Schneestürme, die schlechte Beschaffenheit des Weges und die bis 30 — 35° R. steigende Kälte die Reise verzögerten. Nur in den Wohnungen der deutschen Ssaratowschen Kolonisten und in denjenigen der Uralschen Kosaken fanden wir während der Zeit, dass die Pferde gewechselt wurden, gastfreundliche Aufnahme. Besonders die Uralschen Kosaken zeichneten sich durch einfache, herzliche Gastfreundschaft aus. Bei unserer Ankunft war stets die Theemaschine (Ssamowar) bereit gestellt, an Lebensmitteln wurde uns angeboten, was im Hause war, und das Anerbieten unsererseits, dem Wirth für das Genossene einen Ersatz in Geld zu geben, galt als Beleidigung. Der deutsche Kolonist und der Uralsche Kosak, so verschieden sie von einander sind: der Eine ein behäbiger, wohlhabender Landwirth, der Andere — ein, im Kampfe mit den Elementen sich seinen nicht reichlichen Lebensunterhalt erringender Landbauer und Fischer — Beide kommen darin überein, dass sie inmitten einer armen, verwahrlosten Gegend das Bild des geordneten Hauswesens und des geachteten Familienlebens darbieten.

In Orenburg, wo ich den 10. Februar 1873 eintraf, machten wir eine Rast von einigen Tagen, theils um uns von den Strapazen der Reise von Ssaratow bis Orenburg, die 9 Tage gedauert hatte, zu erholen, theils um die nothwendigen Vorbereitungen für die weitere Reise bis Kasalinsk (am Syr-Darja) zu treffen. Für diese Strecke waren alle erdenklichen Vorsichtsmaassregeln geboten.

Die Poststationen sind mitunter 40 Werst [1] von einander entfernt und bestehen bis 300 Werst vor Kasalinsk, d. h. bis zur Grenze des turkestanschen Gebietes, aus Erdhütten. Ein oder zwei Kosaken bewohnen diese Hütten und ausser einer Theemaschine nebst Wasser, welches mitunter salzhaltig ist, kann man Nichts erhalten; jeder Reisende ist einzig und allein auf das angewiesen, was er bei sich führt. Von Orenburg reisten wir in 4 Partien zu je 3 Schlitten ab; ich als Letzter am 17. Februar.

Von Orenburg bis Orsk besteht eine regelmässige Postverbindung und man reist ohne grosse Schwierigkeiten, da die Gegend durch die dort bestehenden Kosaken-Ansiedelungen bebaut und cultivirt ist. Bei Orsk kommt man in die eigentliche Steppe. Von hier bis Terekli, der Grenz-Station des turkestanschen Bezirks, sind die Poststationen den in der Nähe sesshaften Kirgisen übergeben. Auf jeder Station soll ein Kosak als Aufseher (Smotritel) wohnen: bei unserer Reise fehlten auf einigen Stationen diese Aufseher und eine Verständigung mit den Kirgisen war unsererseits wegen Unkenntniss ihrer Sprache sehr schwer. Dabei werden die Stations-Gebäude durch eine elende Erdhütte oder gar durch eine Kirgisen-Kibitke aus Filz (Woilok) repräsentirt; ein Werstpfahl mit dem Eisengerüst für eine Laterne bildet das Wahrzeichen der Station. Die Kameele, die hier im Winter als Zugthiere dienen, oder die Pferde stehen in einer Hürde von Steppengewächsen oder treiben sich auf der Schneefläche in der Nähe der Station umher, um unter dem Schnee ihr spärliches Futter sich herauszuscharren. Dazu kommt der Umstand, dass jede Station nur verpflichtet ist, 12 Kameele oder Pferde für die Expedition der Reisenden zu halten; bei der plötzlich aufgetretenen Frequenz auf der Strecke genügte diese Zahl nicht. Zur Vermehrung der Schwierigkeiten fügte es sich noch, dass stellenweise der

---

[1] 6 Kilometer sind gleich 7 Werst.

Schnee der Einwirkung der Frühlingssonne schon gewichen war und bei Nachts eintretendem Frost und bei dem Sandboden ein Reisen auf Schlitten ebenso beschwerlich wie auf Fuhrgeschirren war. Schneestürme wehten während der Zeit im Verlauf von 24 Stunden an einer von Schnee entblössten Stelle Schneemassen in bedeutender Menge zusammen, so dass Fuhrwerke nicht passiren konnten und nach 24 Stunden hatte die Sonne die Schlittenbahn wieder vernichtet. Die 3 ersten Abtheilungen meines Transports litten weniger und hatten weniger Schwierigkeiten zu bewältigen, als ich selbst: erstens entgingen sie den mich treffenden schweren Schneestürmen, zweitens fanden sie zwischen der Festung Irgis und Kasalinsk noch Schnee vor und drittens waren ihre Zugthiere (Pferde, Kameele) weniger abgemattet, wie die meinigen. Die drei ersten Abtheilungen trafen am 24., 25. und 26. Februar mit ihren fast gänzlich zu Grunde gerichteten Schlitten in Kasalinsk ein.

Die Reise von Orenburg bis Orsk und von da bis zum Fort Karabutak bot Nichts dar, was besonders erwähnenswerth wäre. Auffallend und eigenthümlich war auf der Strecke Orsk-Karabutak der Anblick der, auf der schneebedeckten Fläche sich ihr spärliches Futter suchenden Heerden (Tabunen) Pferde und Kameele. Nach Aussage der Bewohner sollen trotz Futtermangel und Sturmwetter, trotz der Schneestürme und Kälte fast keine Thiere umkommen; nur mitunter werden sie die Beute der Wölfe. Der Todfeind und Verderber der Kameele ist feuchtes, kaltes Wetter. Die Kameele der Kirgisen sind, weil sie schlecht gepflegt werden, klein und schwächlich, und im Frühjahr fallen sie zu Hunderten einer Ruhrkrankheit und einem Geschwür-Leiden, die in Folge der im Winter erlittenen Mühsale bei ihnen auftreten, zum Opfer. In der Bucharei dagegen werden die Kameele gut gepflegt. Die bucharischen Kameele sind auch um ein Bedeutendes höher als die der Kirgisen. Ein gutes bucharisches Kameel trägt 20 Pud und dann noch seinen Führer; ein Kirgisen-Kameel, wenn es sehr gut ist, 16 Pud. In dem Fort Karabutak kam ich Abends an. Da auf der Station keine Pferde zu haben waren, so wandte ich mich an den Commandanten der Festung mit der Bitte um Hilfe. Dieser Herr nahm mich freundlich auf und rieth mir, die Nacht bei ihm zuzubringen, da ich auf der nächsten Station sicher liegen bleiben würde. Ich folgte dem Rath und wurde am anderen Morgen expedirt. In meiner Gesellschaft, in seinem Schlitten, fuhr ein bucharischer Kaufmann, Seid Marow Seid Machmud, der sich in Geschäften nach Buchara begab. Die nach Karabutak folgende Station heisst Tschulak-Kairakti (Чулакъ-Кайракты). Sie war durch eine Kirgisen-Kibitke, deren Ofen sich, wohl in Erwartung des nahenden Frühlings, im Freien vergnügte, und durch einen Werstpfahl repräsentirt. Es war weder ein Postschreiber noch ein Stations-Aufseher anwesend. Die in der Nähe wohnenden Kirgisen erklärten, uns nicht weiter befördern zu können. Sechs Stunden mussten wir unter freiem Himmel warten, bis es den letztgenannten Herren der hiesigen Welt gefiel, uns Vorspann zu geben. Zum ersten Mal erhielten wir hier Kameele. Von dieser Station, Tschulak-Kairakti, fing für mich und meinen Reisegenossen die Leidenszeit an; einestheils war der Weg stellenweise fast total unpassirbar, dann überfiel uns ein Schneesturm und endlich waren die Kameele, die an Stelle der Pferde fortan als Zugthiere in Thätigkeit traten, so matt und verhungert, dass zwischen je zwei Stationen regelmässig etliche von ihnen aus Erschöpfung liegen blieben. Langsam und hinschleppend, von Langeweile geplagt, schliesslich in einen Zustand fast vollkommener Gleichgültigkeit gegen jeden Eindruck von aussen übergehend, da kein Mittel zur Besserung der Lage beitrug, kamen wir am 23. Februar Morgens in der Festung Irgis an.

Hier musste ich für die Weiterreise auf Schlitten verzichten, da die Gegend frei von Schnee war. Die Waaren wurden auf sogenannte Transport-Kameele (протяжные верблюда) geladen und an demselben Tage fertigte ich die Karawane unter dem Commando des Feldscheers ab, der mich begleitet hatte. Ich selbst folgte drei Stunden später mit Seid Marow in einem Tarantass [1].

Auf der nächsten Station überfiel uns ein Schneesturm, der mit geringen Unterbrechungen drei Tage dauerte. Nach grossen Mühsalen, nachdem wir auf der Station Dschulus (240 Werst von Kasalinsk) den Tarantass zurückgelassen, da angehäufte Schneemassen und eine Kälte von ca. 30° R. das Fahren in demselben unmöglich machten, und wir diese letzte Strecke auf Post-Teleggen und Post-Schlitten zurückgelegt hatten, kamen wir am 27. Februar Abends in

---

[1] Ein Tarantass ist ein für grosse Reisen sehr bequemes Fuhrwerk auf 4 Rädern. Die zwei Achsen desselben sind durch zwei elastisch-federnde horizontal neben einandergestellte Holzstangen mit einander verbunden; auf der Mitte derselben liegt der Wagenkorb. Die federnden Stangen vertreten die Federn der eleganten Fuhrwerke.

Kasalinsk an. Hier hatte man mir eine Wohnung besorgt: wir waren gut geborgen. Die Karawane mit meinen Vorräthen kam erst den 2. März Mittags an.

Am 6. März 1873 rückte das erste Echelon des kasalinskischen Detachements aus. Ich hatte mich demselben anzuschliessen. Mein Transport war auf 34 Kameelen verladen; für den mir beigegebenen Arzt und für mich hatte ich je zwei Reit-Pferde besorgt; meine Leute sollten zu Fuss gehen, hatten aber die Erlaubniss, sich, wenn sie ermüdeten, auf ein Kameel zu setzen und zu reiten.

Das erste Echelon des kasalinskischen Detachements wurde aus zwei Compagnien des 8. turkestan'schen Linien-Bataillons, aus 4 Berg-Geschützen, einer Anzahl Kosaken und 400 Kameelen als Lastthiere zusammengesetzt. Im Ganzen war das kasalinskische Detachement in 4 Echelons getheilt worden, die immer eine Tagereise von einander entfernt marschirten. Der Grund zu dieser Eintheilung und Zertheilung lag in dem Umstande, dass die an dem Wege von Kasalinsk bis Irkibey liegenden Brunnen verhältnissmässig wenig Wasser haben und dass die Bewegung in kleinen Truppenmassen leichter vor sich geht. Die in Kasalinsk stationirten Truppen kannten unsern Weg genau, da dieselben in den letzten Jahren jährlich Monate lang, den Kirgisen und Karawanen zum Schutz, in der Steppe bivouakirt hatten. Dieser Umstand, dass unsere Soldaten schon an das Leben in der Steppe gewohnt waren, ist für die glücklich beendigte, mit Entbehrungen der schwersten Art verbundene Expedition von der grössten Wichtigkeit gewesen; ich glaube, dass er gerade hauptsächlich dazu beigetragen hat, dass wir keine Krankheiten haben ausbrechen sehen.

Was die medicinische Seite der Versorgung des kasalinskischen Detachements betraf, so bestand bei demselben ein sog. Feld-Lazareth, welches nach dem Statut für die Divisions-Lazarethe eingerichtet war. Inventar für dasselbe kam erst den 8. März und zwar in nicht vollständiger Quantität in Kasalinsk an. Dieses Feld-Lazareth ging mit dem letzten oder 4. Echelon. Zum Zweck des Obdachs für die Kranken während der Rast hatte ich je eine Kibitke für je ein Echelon gemiethet. Während des Marsches wurden die Kranken auf Trag-Betten gelagert, von denen je zwei auf jedes Kameel kamen. Bei jedem Echelon waren einige dieser Tragbetten. Sie bestanden aus einem Gerüst, welches dem Kameel quer über den Rücken gestellt wurde und an seinen beiden freien, an den Seiten des Kameels sich befindenden Enden das Einschieben eines Bett-Rahmens gestattete. Die Idee bewies sich als gut und praktisch, doch war die Arbeit selbst in Eile und daher nicht sehr gut gefertigt. Ich habe mich selbst auf ein solches Lager gebettet, um die Brauchbarkeit desselben zu erproben und fand es recht bequem, jedoch hat man Folgendes zu beachten: 1) Der Kranke muss auf das Lager gebettet werden, wenn das Kameel steht; 2) Die Füsse des Kranken müssen zum Kopf des Kameels gerichtet sein; 3) Man darf zum Tragen dieser Krankenbetten nur wirklich kräftige, gesunde und gutgezogene Kameele verwenden, die sich nicht plötzlich hinwerfen. Bei Nichtbeachtung dieser Regeln kann der Patient durch Erschütterung, Stoss etc. leicht Schaden nehmen.

Bei dem Orenburg'schen Detachement waren ähnliche Transport-Betten für die Kranken eingerichtet worden, jedoch in Form von Körben aus Holzgeflecht, welche sich aber als unpraktisch erwiesen; ausserdem hatte man sesselförmige Sättel zum Transportiren von Kranken in sitzender Stellung, auf jeder Seite des Kameels je ein Sessel. Diese Einrichtung war praktisch.

Da der Weg von Kasalinsk bis Irkibey bekannt ist und eine Marschroute existirt, in welcher von Brunnen (Station) zu Brunnen der Charakter des Weges genau angegeben ist, so halte ich es nicht für angezeigt, näher auf die Beschreibung dieser Strecke einzugehen. Nur im Allgemeinen gestatte ich mir über unsere Reise von Kasalinsk bis Irkibey Folgendes zu sagen.

Das Detachement, dem ich mich anzuschliessen hatte, sollte den 6. März 1873 Nachmittags ausrücken. Da ich noch wegen der obenerwähnten Kibitken für die Revierkranken (околодочные больные) in der Stadt verschiedene Besorgungen zu machen hatte, so folgte ich erst (zu Pferde) in Begleitung von einem Kirgisen als Führer und 4 Kosaken als Bedeckung, am 7. März Morgens, dem Echelon nach, welchem sich mein Transport unter dem Schutz meiner Leute angeschlossen hatte. Kurz vor der 2. Station von Kasalinsk (Brunnen Ute-bass) holte ich noch an demselben Tag das Echelon ein.

Die Steppe, richtiger Wüste, durch die wir marschiren mussten, bietet das Bild des ewigen Einerlei dar. Wir hatten auf unserem Marsche in den ersten Tagen noch mit Schnee bedeckte Flächen und Höhen zu passiren, darauf wurde der Boden sandig; Sandhügel, die stellenweise mit Distelgewächsen bewachsen waren, und sich von einander nur durch ihre Höhe unterschieden, bildeten die Landschaft. Endlich fand sich auch, besonders in der Nähe des jetzt trocken gelegten Flussbettes der beiden Flüsse Kuwan-Darja und Jan-Darja

(Куванъ Дарья и Янъ Дарья) auch das Gewächs Saksaul ein. Zuerst kam derselbe in Form kleiner Gebüsche und Sträucher vor; in der Nähe des Jan-Darja trat er als Wald auf. Der Saksaul kann eine Höhe von 14—15 Fuss erreichen und sein Stamm einen Durchmesser von 1—1^1/$_2$ Fuss; er wächst stets in gekrümmter, zickzackförmiger Linie und bildet so im Ganzen die seltsamsten Figuren, da auch seine Aeste und Zweige sich krümmen. Blätter besitzt er nicht; im Frühjahr treiben die Zweige dünne, etliche Linien lange Sprossen von grau-grüner Farbe. Das Holz ist sehr hart und so brüchig, dass man den dicksten Stamm durch einfaches Schlagen mit einem stumpfen Werkzeug umbrechen kann; das Holz kann nur als Heizmaterial benutzt werden, wozu es sehr brauchbar ist, da die Kohlen langsam verglimmen; beim Verbrennen entwickelt sich ein leichter, Asafoetida ähnlicher Geruch. Kameele und Steppen-Pferde fressen den jungen Saksaul sehr gern.

So bietet die Steppe nichts dar, was das Auge erfreut, den Geist erfrischt: Sandhügel von stets sich gleich bleibendem Aussehen, trockene Sträucher von grau-grüner Farbe, selten ein über den Kopf des Reisenden hinfliegender Rabe, mitunter des Morgens eine Lerche, die, aufgescheucht durch den von dem Truppentheil während des Marsches verursachten, ihr ungewohnten Lärm, in die Luft wirbelte und aus den Lüften uns ihren Gruss zusandte; oder ein armer Steppen-Hase, der, durch die uns begleitenden Hunde aus seinen Träumen geweckt, eiligst sein Heil in der Flucht suchte. Jede derartige Abwechselung in dem todten Einerlei wurde stets von Jedem in dem Detachement mit Freuden begrüsst, und mehr als ein Mal versuchten die Soldaten einen in ihrer Nähe aufspringenden Hasen in seinem eiligen Lauf zu verfolgen und einzufangen.

Mitunter findet man, besonders in der Nähe der Brunnen, die immer ca. 1 — 3 Werst abseits von dem Karawanenwege liegen, Grabmäler oder Todtenkapellen (мазарки, молушки) verstorbener Kirgisen. Dieselben sind meist aus Lehm, der in Form von Ziegelsteinen geschnitten und dann an der Sonne getrocknet wird, aufgeführt; es sind viereckige Gebäude, die ein rundes Kuppeldach besitzen und über dem Eingange eine Art Portal haben. Im Innern sind die Wände häufig mit verschiedenen Figuren und Bildern bemalt, durch die der Beruf des Verstorbenen dargestellt wird. So z. B. sieht man eine Karawane oder einen mit Angeln beschäftigten Mann u. A. In diesen Gebäuden befinden sich die eigentlichen Gräber, die in der Form unserer Särge aus Lehm verfertigt sind. Solche Gräber bestehen auch in der Umgegend der Grabmäler unter freiem Himmel. Ausser diesen Grabmälern findet man hin und wieder massive, auch aus getrockneten Lehmstücken aufgeführte, mehr oder weniger hohe Bauten von der Form von Cylindern oder abgestumpften Kegeln; diese sollen nach Aussage von Kirgisen an der Stelle errichtet worden sein, an welcher die Familie eines Verstorbenen die Nachricht von dem Tode des Letzteren empfing, während in den erstgenannten Gebäuden die Gebeine des Todten aufbewahrt werden.

Auf dem Wege von Kasalinsk bis Irkibey ist nur in Manass, ca. 120 Werst von Kasalinsk ein Grabmal oder Todtenkapelle (Masarka), deren Dach aus gebrannten, mit einer verschiedenfarbigen Glasur bedeckten Ziegeln besteht. Bei Irkibey selbst befindet sich ein aus Ziegeln aufgeführtes, jetzt zum grössten Theil in Trümmern liegendes Schulgebäude von schöner Form, welches noch aus den Kalmückenzeiten stammt (in der Nähe der nicht mehr bestehenden Festung der Kalmücken Kujuk-kala (Кующкъ-кала). Die aus Lehm aufgeführten Gebäude sollen eine Dauer von ca. 20 — 25 Jahren haben, alsdann verwittern sie.

Während des Marsches hatten wir ziemlich viel von Kälte und überhaupt von den wechselnden Temperatur-Verhältnissen zu leiden.

Ich finde folgende Notizen in meinem Tagebuch:

Brunnen Irbey (Ирбей.) 8. März. Die Nacht über hat es stark gefroren. Morgens 8 Uhr $= 3°$ [1]; NOWind; um Mittagszeit geht der Wind nach SW über; ein gutes Bivouak im ausgetrockneten Flussbett des Kuwan-Darja; das Wasser hier salzig, nach Schwefel-Wasserstoff riechend; um 6 Uhr Abends $= +4°$.

9. März. Dsheboga (Джебога). 6 Uhr Morgens $= -0,5°$; SWWind; bewölkter Himmel; gutes Wasser; Nachmittags $5^{1}/_{2}$ Uhr $= +7,5°$.

10. März. Sari-Bulak (Сары Булакъ). In der vorigen Nacht war das in einem Glase in der Kibitke aufgestellte Wasser nicht gefroren; Morgens $3^{1}/_{2}$ Uhr $= +0,5°$; SWind; das Wasser riecht nach Schwefel-Wasserstoff; um 11 Uhr Morgens $= +9°$.

11. März. Kuwat (Куватъ). Morgens 5 Uhr $= +4,5°$; SWWind; um $11^{1}/_{2}$ Morgens ein unbedeutender Regen von ca. 10 Minuten Dauer; um 1 Uhr Mittags $= +14°$; keine Spur von Schnee; das Wasser recht gut; um $3^{1}/_{2}$ Uhr Nachmittags wieder Regen bei SWWind; der Regen hörte nach ca. 10 Minuten Dauer auf, um dann wiederum

---

[1] Die Thermometerangaben nach Réaumur.

zu beginnen und wieder aufzuhören etc.; so dauert der Regen mit Unterbrechung bis zum andern Morgen fort. 6 Uhr Abends = +10°.

12. März. Dshiman-Dsheganak (Джиманъ-Джеганакъ). Morgens 5½ Uhr = +4½°; starker Wind; Wasser gut; eine in die Umgegend ausgesandte Kosaken-Patrouille findet am Morgen in der Umgegend der vorigen Station: 2 Kirgisen-Pletten und ein Päckchen Patronen bei einem kaum erloschenen Lagerfeuer. Abends N Wind; Nachts vom 12. auf den 13. März Schnee.

13. März. Rast-Tag. Morgens 6 Uhr = —3°; N Wind; um 7 Uhr Morgens fällt Schnee in grösserer Menge. Abends = —5°; NO Wind.

14. März. Dshira-Kuduk (Джира-Кудукъ). SSO Wind, heftig; Morgens 5 Uhr = —5,5°; Himmel klar; Mittags 2½ Uhr = +4,5°; S Wind; Abends 8 Uhr = —6,5°.

15. März. Ak-Kuduk (Акъ-Кудукъ). Bewölkter Himmel; O Wind; 6 Uhr Morgens = —5°; Mittags OOS Wind; um 4 Uhr Nachmittags = +4°; tiefer Sand; stellenweise Salzkrystalle; Schnee, stellenweise in grösserer Menge; *gutes Trinkwasser.*

16. März. Rast-Tag. Morgens SSO Wind; um 2 Uhr Mittags = +11°. Um 4½ Uhr Nachmittags Regen bei OON Wind.

17. März. Nachts Regen bei NW Wind.

Karabass-bugut (Карабасъ-Бугутъ). Starker W Wind; bewölkter Himmel; 6 Uhr Morgens = 0°. Drei Werst vor dem ebengenannten Brunnen befindet sich ein Wald von dicken Saksaul Bäumen. Es sind hier alle Brunnen verschüttet; unsere Soldaten reinigen dieselben im Verlaufe von einigen Stunden; das Wasser nach Schwefelwasserstoff riechend, bitter-salzig; wir helfen uns mit Schnee, der in kleinerer Menge in der Umgegend zu haben ist. Der Weg wird, da die Sonne um Mittag den gefrorenen Boden aufthaut, mit jedem Tage schlechter und schwerer passirbar.

18. März. Irkibey (Иркибей). Windstill; kühles Wetter; bewölkter Himmel; 6 Uhr Morgens = +2°. Wir treffen um 5 Uhr Nachmittags in Irkibey ein, und zwar zu gleicher Zeit mit dem aus dem Fort Perowsk hierher zu uns stossendem Detachement (2 Rotten des 8. turkest. Linien-Bataillons, eine Raketen-Division). Die Brunnen in Irkibey verschüttet, jedoch leicht zu graben; es werden 12 Brunnen hergerichtet.

Hier in Irkibey bleiben wir bis zum 25. März.

In den folgenden Tagen trafen die drei übrigen Echelons ein. Die Truppen hatten trotz des wechselnden Wetters, der Schwierigkeit des Marschirens, des schlechten Wassers stets ihren muntern Geist sich bewahrt und die Mühen vorzüglich vertragen: es war kein ernstlich Kranker vorhanden. Der Verlust an Kameelen war ein sehr geringer. Mein Transport kam in vollkommen gutem Zustande an.

Nachdem am 20. März Nachmittags der Grossfürst Nikolai Konstantinowitsch eingetroffen war, wurde sofort zur Wahl des Ortes für die zu erbauende Befestigung geschritten, und die Erd-Arbeiten wurden noch denselben Tag begonnen.

Da wir bis zum Brunnen Kisil-kak eine Wegestrecke von 95 Werst, auf der kein Wasser, wohl aber tiefer Sand zu finden war, zurückzulegen hatten und da uns von diesem Brunnen an bis zu den Bukanschen Bergen, in denen die Vereinigung des kasalinskischen und des taschkent'schen Detachements stattfinden sollte, wiederum ein Marsch von ca. 45 Werst, ohne Wasser, durch tiefen Sand bevorstand, so sollte der Weitermarsch der Truppen in drei Abtheilungen stattfinden. In Kisil-kak sind nämlich nur 2 Brunnen, und nach der Aussage der Kirgisen, die uns als Führer dienten, sollte es schwer sein, aus denselben Wasser zu erhalten. Um genauere Auskunft zu erlangen, wurde der den Russen sehr ergebene Kirgise Dshaldi-Bey als Kundschafter abgesandt; es war wichtig zu erfahren, ob vielleicht unterwegs noch etwas Schnee oder Frühlings-Wasser zu finden wäre. Dieser Dshaldi-Bey hatte früher Schulden wegen den kasalinskischen Kreis verlassen und war nach Chiwa geflohen, wo er bald als kühner verwegener Kämpfer (Dshigit) und Räuber sich einen Ruf erwarb. Doch auch hier war seines Bleibens nicht lange; nach ein Paar Jahren musste er fliehen, um nicht geköpft zu werden. Da begab er sich in die Sandsteppe und war während 7 Jahren der Schrecken der Karawanen und der Kirgisendörfer (Aule). Im Jahre 1870 traf ihn der Major Dreschern, auf einer Expedition in der Steppe, zufällig in einem Kirgisendorf und führte ihn als Gefangenen nach Kasalinsk. Dshaldi-Bey glaubte sicher, sein Leben verwirkt zu haben, kam aber, den Kirgisen zur selbsteigenen Gerichtsbarkeit überliefert, mit dem Verlust seines Vermögens und etlichen Wochen Arrest auf der Hauptwache davon. Seit der Zeit hat er der Russischen Regierung mit der grössten Ergebung und Aufopferung gedient, wofür einige ihm verliehene Medaillen und Ehren-Röcke (Chalat, die gewöhnliche Kleidung aller Bewohner Mittel-Asiens) Zeugniss ablegen. Dshaldi-Bey ist bekannt als der beste und ausgezeichnetste Führer im kasalinskischen Kreise und beliebt bei den Offizieren und Soldaten; er ist jetzt 62 Jahre alt, aber so rüstig wie ein Vierziger; er hasst besonders die Chiwesen, bei denen er seinen Kopf verwirkt hat.

Ich glaube nicht Unrecht zu thun, wenn ich hier diese kurze Biographie gab, die das Leben der Kirgisen, die sich dem russischen Staatsdienst widmen, charakterisirt. Als Gegenstück kann der Fall dienen, für den auch Beispiele vorliegen, dass ein in russischem Dienst stehender Kirgise in die Wüste oder Steppe geht und als Räuber und Feind der Russen sein Leben endet. So z. B. entfloh ein gewisser Atamkull, der zuerst Dollmetscher gewesen war, dann als Soldat bis zum Offiziersrang in einem der turkestan'schen Bataillone sich heraufgedient hatte, wegen verletzten Ehrgeizes in die Wüste, wurde der Schrecken der Karawanen und nachdem er während der Expedition 1873 ein Detachement Chiwesen kommandirt hatte, wurde er schliesslich kurz vor der Einnahme Chiwa's auf Befehl des chiwesischen Kriegsministers (sit venia verbo) wegen angeblichen Verraths geköpft.

Dshaldi-Bey, als Kundschafter ausgesandt, kehrte nach drei Tagen zurück und brachte die Nachricht, dass an drei Stellen Schnee-Wasser zu finden sei, doch habe man in kürzester Zeit aufzubrechen, da die Sonne um Mittag schon bedeutend wirke und das ebenerwähnte Wasser von Tag zu Tag schwinde. Zugleich brachte Dshaldi-Bey zwei chiwesische Kaufleute, die er unterwegs gefangen genommen hatte. Diese sagten aus, man wisse in Chiwa genau, dass die Russen unterwegs seien, und auch, auf welchen Wegen sie heranrückten; man habe in Chiwa drei Abtheilungen Reiterei gebildet, von denen die eine in der Stärke von ca. 6—7000 Mann unter Anführung des berüchtigten Räubers Sadik bei Min-Bulak (Минъ-Булакъ = 1000 Quellen) in den Bukan'schen Bergen auf uns warte, die zweite Abtheilung in die Steppe dem orenburg'schen Detachement entgegen gesandt sei und die dritte Abtheilung am linken Ufer des Amu-Darja dem Feinde begegnen wolle.

Nachdem am 25. März die neuerbaute Befestigung eingeweiht worden war und den Namen *Blagoweschtschenskaja* erhalten hatte, wurde der Weitermarsch und zwar, wie oben erwähnt, in drei Echelons zum 27., 28. und 29. März festgesetzt.

Das erste Echelon (2 Compagnien des 4. turk. Schützen-Bataillons; 1 Compagnie des 8. turk. Linien-Bataillons; 50 Kosaken, 2 Berg-Geschütze; 2 Mitrailleusen) unter Befehl des Grossfürsten Nikolai Konstantinowitsch rückte nicht am 27. März, sondern erst am 28. März aus, da an dem erstgenannten Tage ein den ganzen Tag anhaltender heftiger Regen bei *NNW.* das Marschiren bedenklich erscheinen liess. Während am 26. März das Thermometer in der

Sonne + 18° zeigte, sank die Temperatur am 27. März Abends unter 0° und am 28. März, beim Ausmarsch um 9 Uhr Morgens hatten wir — 2° bei NWind, am Abend desselben Tages — 9° bei NWind. Das 2. Echelon (2. Comp. des 4. turkest. Schützenbataillons; 2 Berg-Geschütze; 50 Kosaken) marschirte ebenfalls den 28. März, Nachmittags, aus. Das dritte Echelon (2. Comp. des 8. turkestanschen Linien-Bataillons und eine Raketen-Division) verliess Irkibey den 29. März.

Der Ort Irkibey, bezeichnet durch einige alte Grabmäler und einige Brunnen, liegt an dem Ufer des jetzt trocken gelegten Flussbettes des Jan-Darja, ca. 70—80 Werst von seiner Einmündung in den Aralsee. Vor ungefähr 7 Jahren hausten in dem, Irkibey umgebenden Saksaulwalde noch Wildschweine und anderes Wild; Fasanen und auch andere Vögel belebten die Gegend, und die nomadisirenden Kirgisen sollen damals das Land längs dem Flussbett bebaut haben. Noch jetzt bemerkt man die Spuren der Feldwirthschaft, doch ist in der ganzen Umgegend die Thierwelt so gut wie ausgestorben: Wildschweine und Fasanen etc. kommen nicht mehr vor, nur der Hase fristet noch sein kummervolles Leben. Irkibey ist eine Sandsteppe, wie die auch vor Jahren belebt und bebaut gewesenen Ufer des Kuwan-Darja. Der Jan-Darja und Kuwan-Darja sind Beide Abflüsse des Syr-Darja und sind an ihrer Ausmündung aus dem Syr-Darja verschüttet worden: der Kuwan-Darja, wie man erzählt, von den Kirgisen, um die Russen am Vormarsch zu hindern; der Jan-Darja von dem russischen General Butakow, um die Wassermenge in dem Syr-Darja zu vermehren und diesen letzteren schiffbar zu machen.

In dem ausgetrockneten Flussbett waren die Brunnen durch die Chiwesen verschüttet, jedoch bei näherer Nachsuchung fand sich Wasser bei ca. 2 Faden Tiefe, und so gelang es, in kurzer Zeit, d. h. in zwei Tagen, 12 Brunnen herzustellen. Während unseres Aufenthaltes in Irkibey wurden wiederholt Bohrversuche mit den Norton'schen Brunnenröhren angestellt: sie führten jedoch zu keinem Resultat und ich kann hier gleich erwähnen, dass auch alle in späterer Zeit während der Expedition mit denselben gemachten Versuche dasselbe negative Resultat ergaben. Der feine, krystallinische Sand wurde mit Wasser gemischt durch das Brunnenrohr als Brei zu Tage gefördert; klares Wasser konnte nicht erzielt werden.

Nachdem die nöthige Anzahl Fässer, von denen je zwei auf ein Kameel geladen wurden, mit Wasser gefüllt worden war — man rechnete für jeden Tag auf je 3 Mann einen, und für jedes Pferd einen Spann [1] Wasser — rückten wir in der obenerwähnten Ordnung am 28. März aus. Mein Transport war dem 1. Echelon attachirt worden.

Trotz des am 28. März herrschenden scharfen N Windes und des schwer zu passirenden Bodens — abwechselnd Lehmboden, der am Morgen gefroren war, am Mittag aber aufthaute und die Beschaffenheit eines Morastes annahm, und tiefer Sand — gehen wir so munter als möglich vorwärts und kommen Abends 9½ Uhr bei dem uns als Ziel gesetzten Wassertümpel (Schneewasser) an. Wir hatten ca. 40 — 45 Werst zurückgelegt. Es war empfindlich kalt $+ - 9_0$ bei N Wind. Als Brennmaterial musste Gras benutzt werden, da Brennholz nicht vorhanden war. Die Kameele waren stark angegriffen, da der weiche und zugleich schlüpfrige Boden ihnen das Gehen erschwerte; einige von ihnen waren gestürzt und mussten alsdann von den Soldaten abgeladen und aufgehoben werden. Die Soldaten hatten die Kibitken in Irkibey zurücklassen müssen: als Schutz gegen die Kälte hatte man ihnen, und das bewies sich als praktisch — grosse Stücke Filz (Woilok) mitgegeben. Das einige Arschinen im Quadrate messende Stück Woilok wird ausgebreitet, eine gewisse Anzahl Soldaten streckt sich neben einander darauf hin und von dem Fussende aus wird der Filz über ihnen zusammengeschlagen. Unter solch einer Filzdecke ist es sehr warm. Auch selbst im Winter bei bedeutender Kälte und bei Schneegestöber ist diese Maassregel sehr empfehlenswerth: der Lagerplatz wird von Schnee möglichst gereinigt; wenn es angeht, wird ein Feuer abgebrannt und auf der Feuerstelle wird der Filz ausgebreitet.

Den 29. Morgens marschirten wir weiter. Es war kühles Wetter in Folge des herrschenden Nordwindes, doch nicht so kalt wie den vorhergehenden Tag. Unser Weg, ca. 25 — 30 Werst betragend, führte uns über (in Folge des Regens und des Frostes) festen Sandboden. Nur an einer Stelle, auf einer Strecke von ca. einer Werst war der Weg mit kleinen, rothen Steinen bedeckt, so dass der Boden gleichsam rothgefärbt erschien (кизилъ-кумы = rothe Sandwüste, кизилъ-какъ — rothes Regenwasser). Abends machten wir Halt an einer mit Hügeln umgebenen Schlucht.

---

[1] 1 Spann (Wedro) = 0,12 Hektoliter.

An diesem Tage bekamen wir die Nachricht, dass in Kasalinsk ein Gesandter aus Chiwa angekommen war, der 21 Russen, die in Chiwa in Gefangenschaft gewesen waren, der russischen Obrigkeit überliefert hatte, und wünschte, mit der russischen Regierung im Namen des Chans Friedensverhandlungen einzugehen. Natürlich wurde unser Weitermarsch durch diese Nachricht nicht verhindert.

30. März. Morgens ½ 8 Uhr ausgerückt; schönes Wetter; der Wind weht aus *O*, dann aus *SO*. Um ½ 9 Uhr Abends trafen wir bei dem Brunnen Kisil-kak ein. Der Weg geht erst über Sandhügel, dann über eine Hochebene von 12 — 15 Werst Länge, deren Boden mit den oben erwähnten kleinen rothen Kieselsteinen bedeckt ist und daher wie mit Blut übergossen aussieht. Der Brunnen bei Kisil-kak ist sehr alt und von einer Lehmbrüstung umgeben; er ist 18 Faden tief und sehr eng; auf 3 Werst Entfernung ist ein anderer Brunnen von derselben Tiefe, doch enthält derselbe nicht so gutes trinkbares Wasser. Hier bewährte es sich schon, dass das Marschiren in kleinen Abtheilungen richtig und durchaus anzurathen sei, denn selbst für unser kleines Detachement reichte die aus dem Brunnen zu erlangende Menge Wasser kaum aus. Die Kirgisen, welche gekommen waren, um den Neffen des weissen Zaren, d. h. den Grossfürsten Nikolai Konstantinowitsch, zu begrüssen und ihm ihre Ehrerbietung zu erweisen, berichteten, dass in Minbulak (= Tausend Quellen), in den Bukan'schen Bergen ein Posten Turkmenen von 200 Mann aufgestellt sei, um unsern Vormarsch zu beobachten und dass das taschkent'sche Detachement uns in Bakali erwarten werde.

31. März. Milder Westwind; Rasttag. Das Thermometer zeigt um 5 Uhr Nachm. + 16°.

1. April um 7½ Uhr Morgens rücken wir aus und kommen um 5 Uhr Nachm. auf einer Stelle auf der Hochebene vor den Bukan'schen Bergen an, an der wir Schneewasser in Form eines ca. ½ Werst langen und 400 Schritt breiten Sees vorfinden. An diesem zeitweilig geschaffenen See finden sich Enten und Feldhühner in recht bedeutender Menge. Es ist ein heisser Sommertag. Der Weg führt bis ca. 4 Werst vor der ebenerwähnten Wasserfläche über hügeliges Terrain durch tiefen Sand.

2. April. Bis zu den Bukanschen Bergen geht es über harten, mit Kieselsteinen besäeten Sandboden. Nach einer Sage sollen die Bukanschen Berge (Буканъ-тау) ihren Namen folgender Weise erlangt haben.

Ein Kalmücke, Namens Bukan, hat vor langer Zeit nahe bei den Bergen, die damals noch keinen Namen hatten und den Kirgisen gehörten, gelebt und sich durch Thaten des Muths, der Tapferkeit und der Klugheit ausgezeichnet, so dass sein Name weithin berühmt und gefürchtet war. Dieser Kalmücke Bukan raubte die durch Klugheit und Schönheit berühmte Tochter eines Kirgisenhäuptlings und entfloh mit ihr in die Berge, wo er sich eine Festung baute und fortan lebte. So bekamen die Berge den Namen Буканъ-тау (Bukan-tau) und sie sind noch desshalb erwähnenswerth, dass sie an einzelnen Stellen aus Stein gehauene Monumente aufweisen, welche Jungfrauen darstellen. Diese Jungfrauen von Stein hat die Frau des obenerwähnten Bukan anfertigen lassen, um auf ihnen ihre Lebensgeschichte zu verzeichnen. Leider lagen diese Monumente zu weit ab von unserer Marschroute, als dass wir sie hätten aufsuchen können. Ungefähr 2 Werst vor den Bergen öffnet sich eine von *NW.* nach *SO.* sich erstreckende Schlucht, die den Anschein hat, als ob sie ein trocken gelegtes Flussbett sei. Die Bukanschen Berge bestehen aus Sandstein, Silikaten, Eisenstein — der Letztere in mächtigen Blöcken, die unregelmässig auf einander geschichtet sind; ausserdem findet man stellenweise Granit. Wir beziehen in den Bergen, in einer Schlucht, ca. 3 Werst von Bakali, an einer lebendig sprudelnden Quelle das Bivouak. Das erste Mal seit Kasalinsk, dass wir lebendes Wasser im Ueberfluss haben. Um die Kameele und Pferde zu tränken, werden unterhalb der Bivouakstelle Bassins gegraben, durch die man die Quelle leitet.

3. April. Rasttag. Wir erhalten den Befehl des Ober-Commandirenden, Generals v. Kaufmann: das kasalinskische Detachemennt soll nach Jus-Kuduk (Юзъ-Кудукъ) marschiren und dort weitere Ordre empfangen. Privatim erfahren wir, dass wir nicht auf dem ursprünglich bestimmten Weg über Bakali nach Schurachan ziehen, sondern uns mit dem taschkentschen Detachement in Aristan-bel-Kuduk (Аристанъ-белъ-Кудукъ) jenseits Tamdi auf bucharischem Gebiet vereinigen sollen. Uns steht ein Umweg von ca. 300 Werst bevor. Es ist heute warm, wenn auch windig; die Nächte sind kalt.

4. April. Marsch bis Archar (Архаръ), einer Felsschlucht mit schlechtem, salzigen Wasser; kein Futter und kein guter Lagerplatz für die Kameele, da der Boden felsig ist. Wir erreichen den Bivouakplatz nach einem fünfstündigen Marsch.

5. April. Marsch bis Jus-Kuduk, von $7^{1}/_{2}$ Uhr Morgens bis $3^{1}/_{2}$ Uhr Nachmittags; Sommerwetter; Sandboden, hügeliges Ter-

rain. In der nächsten Nähe von Jus-Kuduk findet sich auf der Ebene vereinzelt ein Hügel von weissem Kiesel. Weisser, mit Eisen durchsetzter Kiesel kommt häufig vor; derselbe ist nach seinem Eisengehalt bald mehr bald weniger schwarz gefärbt. Jus-Kuduk selbst ist eine breite, zwischen zwei Bergen gelegene Schlucht, in der eine Quelle fliesst. Von den die Schlucht einschliessenden Bergen ist der eine ein Sandberg, steigt allmälig an und ist nur mit wenigen kleinen Steinen bedeckt; der andere Berg ist ein aus Eisensilikaten gebildeter steiler Fels. Das Wasser der Quelle ist tummig, salzhaltig und riecht nach Schwefelwasserstoff. In der Umgegend der Schlucht trifft man auf eine bedeutende Anzahl von Grabmälern, doch bestehen diese nicht aus Lehmhütten (мазарки), sondern aus über einander geschichteten Stein- oder Saksaulhaufen.

6. April. Wir rücken Morgens um 6½ Uhr aus und treffen um 5 Uhr Nachm. ein; die Entfernung beträgt an unserem Bestimmungsorte Kokpatass (Кокпатасъ = harter Stein) angeblich 26 Werst. Der Weg von Jus-Kuduk bis Kokpatass ist Sandboden, der stellenweise eisenhaltigen Kiesel aufweist, nur ca. 6 — 7 Werst vor Kokpatass ist tiefer Sand. Um 4 Uhr Nachmittags beginnt ein Nord-Wind, der fortwährend und allmälig sich in seiner Macht steigert und zuletzt zu einem wahren Sandsturm (Uragan) wird. Das Wetter, welches bis dahin warm und milde war, wird in Folge des Uragans rauh; die Kibitken und Zelte müssen mit Steinen beschwert und an die Waaren-Packen angebunden werden, damit der Sturm sie nicht forträgt. Das Bivouak wird auf einer ebenen Sandfläche, auf der sich einige Brunnen und eine Quelle finden, aufgeschlagen; das Wasser ist überall salzhaltig und nur aus zwei Brunnen geniessbar. Die Kirgisen der Umgegend haben Kibitken aufgestellt, zum Verkauf Holz herbeigeschafft und Schafe herbeigetrieben.

7. April. Sonnabend vor Ostern. *NO*Wind; empfindlich kaltes Wetter. Nachm. bei *OON*. Wind Regen, und Abends bei demselben Winde ein ca. 30 Minuten dauernder starker Regen; darauf wird der Wind schwächer und weht mehr aus Osten. Der Weg meist Sandboden, abwechselnd Lehm und Eisenkies. Ungefähr 5 Werst vor Bischbulak ist eine ca. 3 Werst lange Tiefebene, deren Boden harter Lehm ist. Da die Kameele nicht mehr vorwärts wollen, so bleibt das Echelon ca. 12 Werst vor Bischbulak auf freiem Felde. Ich reite mit einigen Offizieren weiter bis Bischbulak, wo wir um 7 Uhr Abends eintreffen. Das Wasser in Bischbulak, wo 4 Brunnen sind, ist trinkbar, nicht stark salzhaltig; bevor die Brun-

nen ausgeschöpft sind, riecht das Wasser stark nach Schwefelwasserstoff. Der Wind aus OON. dauert die ganze Nacht hindurch fort. Auch hier haben die Kirgisen der Umgegend Kibitken aufgestellt, Brennholz herbeigeschafft und Schafe zum Verkauf herbeigetrieben.

8. April. Rasttag; starker NNO. Wind, Sonnenschein; der Himmel stellenweise bewölkt. Um 2 Uhr Nachmittags hört der Wind auf und es wird warm. Am Nachmittag trifft das Echelon ein.

9. April. Wir rücken Morgens 6 Uhr aus und der Transport kommt 6 Uhr Abends in Tamdi an. Der Weg soll ca. 42 Werst betragen. 4 bis 5 Werst vor Tamdi ist tieferer Sand bei hügeligem Terrain; stellenweise ist der Sand zu 2 Fuss hohen, den Weg sperrenden Wällen zusammengeweht. Viele Kameele stürzen. Das Wetter ist warm, in der Sonne ist es heiss. Tamdi selbst liegt am Fusse hoher Berge, an der Grenze der Bucharei und Chiwa; von 2 Seiten hat man hohe Eisenkiesfelder, von einer Seite Kisilkum, von der vierten Seite grüne Steppe. Man unterscheidet Klein-Tamdi (малые Тамды) und Gross-Tamdi (большие Тамды); beide Punkte liegen von einander ungefähr 2 Werst entfernt. Klein-Tamdi wird durch einen Brunnen und drei hohe, alte, dicke Weidenstämme bezeichnet; Gross-Tamdi ist noch vor vier Jahren der Sitz eines Kirgisen-Aeltesten gewesen und weist eine auf einem vorspringenden Felsen gelegene Festungsruine, einige zerstörte Lehmhütten und eine von ungefähr 40 Weiden umsäumte und an ihrer Ursprungsstelle von einer Lehmmauer eingefasste Quelle auf. Die Festungsruine ist wohl erhalten und von den Kosaken, die seit einigen Wochen hier bivouakiren, in Vertheidigungszustand gesetzt worden. Von ihr aus hat man eine weite Rundschau über den Kisilkumi. Die Quelle enthält an ihrer Ursprungsstelle, dort wo sie von der Lehmmauer umgeben ist, süsses Wasser, welches am Morgen bei einer Lufttemperatur von 9,9° R. eine Temperatur von 18° R. zeigte; im weiteren Lauf, d. h. schon nach 50 Schritt, ist das Wasser der Quelle salzig und nach ungefähr 1000 — 1500 Schritt, wo die Quelle sich einen Bergabhang hinab in das Thal stürzt, ist es schon so salzhaltig, dass es ungeniessbar wird.

10. April. Es kommt der Befehl an, dass die Vereinigung des taschkentschen und des kasalinskischen Detachements in Chal-ata am 22. April stattfinden solle, bis dahin habe das kasalinskische Detachement dem taschkentschen als Queue zu folgen.

12. April brechen wir auf und erreichen nach einem beschwerlichen Marsch von 22 Werst Nachmittags 4 Uhr den vorherbe-

stimmten Lagerplatz. Der Weg ist zuerst 10 Werst bergig, schmal, steil ab- und ansteigend, von durch Frühlingswasser ausgehöhlten, kanalartigen Schluchten durchschnitten; dann kommt eine Fläche; Sand- und Lehmboden. Südwind, warmes Wetter, klarer Himmel. Abends 9 Uhr ein ca. 30 Minuten dauernder heftiger Sturm aus NWW. mit Regen, der in grossen Tropfen fällt.

13. April. 5 Uhr Morgens ausgerückt und um $2^1/_2$ Uhr Nachmittags in Aristan-bel-kuduk angekommen; wir sollen 32 Werst zurückgelegt haben. Der Weg geht erst 16 — 18 Werst über harten, ebenen Sandboden, dann kommt 6 — 7 Werst hügeliges Terrain und tiefer Sand, zuletzt die Aristan-belschen Berge (Аристанъ белъ тау), welche aus Sandbergen und Eisenkiesfelsen bestehen: schmaler Weg, der stellenweise mit Schiefertafeln (?) bedeckt ist, steile Abhänge und schmale Schluchten. Die Hitze wird durch einen gelinden W. Wind gemildert. Das Marschiren ist enorm ermüdend, besonders da das Ueberschreiten der Felsengerölle und das Waten durch den tiefen Sand sehr viel Anstrengung erfordert.

14. April kommen wir nach einem Marsch von ca. 20 — 24 Werst über theils mit Felsgeröll bedeckten Sandboden in Mannam-Dshan an. War in Aristan-bel-kuduk der Lagerplatz in der Nähe der Brunnen schon verunreinigt, indem die vor uns marschirenden Truppen hier bivouakirt hatten, so ist es hier erst recht schlecht bestellt: in einem Brunnen liegt ein verendetes Kameel mit dem Kopftheil; ein anderer Brunnen ist mit schmutzigem Papier verunreinigt; es sind einige Quellen vorhanden, die alle salzig-bitteres Wasser enthalten, welches halbwegs geniessbar ist. — Hier wird beschlossen, dass der Grossfürst Nikolai Konstantinowitsch, der Intendant Staatsrath Kassianow, Hr. Dr. Morjev und ich, unter Bedeckung von etlichen Kosaken am nächsten Morgen vorausreiten sollten, um das Hauptquartier zu erreichen. Ich bin genöthigt, nur so viel Sachen mitzunehmen, als ich auf das eine meiner beiden Pferde, welches als Packpferd mitgehen soll, aufladen kann. Ich nehme von meinen Vorräthen Kaffee-Extract, Milch, Klukwa, Inosemzische Tropfen, Citronensäure, kohlensaures Natron u. s. w. in geringer Quantität mit. Unter die zurückbleibenden Truppen vertheile ich auch Labe- und Stärke-Mittel.

15. April um 9 Uhr Morgens brechen wir, (die Obergenannten), unter einer Bedeckung von 30 Kosaken auf, um das Hauptquartier zu erreichen. Den ca. 14 Werst von Mannam-Dshan entfernten Brunnen Kinderly erreichen wir nach ungefähr $2^1/_2$ Stunden, da es noch

nicht heiss ist und der Weg über, mit Steppengras und stellenweise mit Dshusan bewachsenen, harten Sandboden dahin geht. Zwischen Kinderly und Mannam-Dshan ist auf der 12. Werst noch ein Brunnen; bei Kinderly selbst ist eine süsse Quelle und ein Salzsee; das Wasser des Letzteren ist zum Tränken der Kameele und Pferde brauchbar. Während des Marsches begegnen uns bucharische Kaufleute mit ihren Karawanen und Heerden. Hinter Kinderly ist der nächste Brunnen: Karak-ata, ca. 8 Werst von Kinderly. Diese Strecke ist mit Kameel-Kadavern wie besät: wir zählen deren auf dem Wege selbst über dreissig, wobei die seitwärts liegenden nicht mitgerechnet sind. Der Weg ist stellenweise weicher, tiefer, grösstentheils harter, mit Steppengras und Dshusan bewachsener Sandboden. Ungefähr 3 Werst vor Karak-ata fängt eine öde Sandfläche an, die sich bis zu diesem Ort erstreckt. In Karak-ata befindet sich eine alte, halbzerfallene bucharische Festung, deren Gebäude jetzt von friedlichen bucharischen Unterthanen bewohnt werden. Das Vertrauen auf die bei den russischen Truppen herrschende Disciplin ist in der Bucharei so gross, dass alle sesshaften Bucharen in ihren Besitzungen geblieben sind, dass die nomadisirenden Bucharen mit ihren Heerden ruhig hin- und herziehen, dass die Karawanen ruhig ihren Weg verfolgen und dass überhaupt Handel und Wandel vor sich gehen wie in Friedenszeiten, trotzdem dass eine russische Armee durch bucharisches Land zieht. Und wir — wir können mit Ruhe behaupten, dass dieses Vertrauen der Bucharen auf die in unserer Armee herrschende Disciplin nie und in keiner Weise verletzt worden ist. — In Karak-ata finden wir nur einen Theil des taschkentschen Detachements vor: General von Kaufmann ist mit dem andern Theil in Tschur-Kuduk ca. 35 Werst weiter vorwärts. Als derselbe nach Karak-ata gekommen war, hatte ihn ein Gesandter des Emirs von Buchara empfangen, um ihm Glück zum Feldzuge zu wünschen und eine Karawane mit Mehl als Geschenk zu überreichen.

In Karak-ata sind einige Quellen mit schönem süssen Wasser, welches eine Temp. bis 20°R. hat; die Quellen sind erst in Bassinform eingefasst und dann thalabwärts geleitet, um Pferde, Kameele und Vieh zu tränken und zur Bewässerung der Garten-Anlagen zu dienen; in der Nähe der Quellen sind Bäume, die in ihrer Schönheit einen unserm Auge entwöhnten Anblick darbieten. — Da es sehr heiss ist und unsere Pferde etwas ermattet sind, so bleiben wir bis 5 Uhr Nachmittags in Karak-ata.

Nachdem wir uns erholt haben und die Hitze nachgelassen hat, brechen wir Nachmittags 5 Uhr auf und treffen erst Abends 12 Uhr im Hauptquartier in Tschur-Kuduk ein. Den andern Morgen, d. h. den 16. April stellen wir uns dem Ober-Commandirenden vor und dann geht es weiter. Der Marsch an diesem Tage ist sehr beschwerlich, so dass wir an unserm Bestimmungsorte Sultan-bibi erst um 11 Uhr Abends eintreffen. Die zurückgelegte Strecke betrug 42 Werst. Wir haben im Anfang hohe Sandberge zu überschreiten, dann eine Sandebene zu durchwaten, eine tiefe Schlucht zu passiren und ganz zuletzt durch Felsschluchten über Felsgeröll unsern Weg zu suchen. Dabei muss der letzte Theil des Weges noch im Dunkeln zurückgelegt werden. Die Arrière-Garde kommt erst am Morgen des 17. April bei den Brunnen an.

17. April ist zur Feier des Geburtstages Sr. Majestät des Kaisers erst ein Feldgottesdienst und um 3 Uhr Nachmittags rücken wir weiter. Wir legen 9 Werst zurück bis zur Quelle Suli-Dshugumdi (Сулы-Джугумды), an der sich ein schöner Bivouakplatz anlegen lässt, da sich dort Bäume befinden und das Wasser süss und geniessbar ist.

Der Marsch bis Chal-ata, wo wir den 21. April anlangen, bietet von Suli-Dshugumdi aus nichts Besonderes dar. Den 18. April hatten wir Rasttag, den 19. April legten wir 12 Werst bis Utsch-Kuduk (Учь-Кудукъ), den 20. April 26 Werst bis Dshingildi (Джингильды) und den 21. April ca. 20. Werst bis Chal-ata zurück. Der Weg war bald tiefer Sand, bald Steingeröll, im Ganzen gut passirbar; Futter und Wasser für Pferde und Kameele fand sich vor; nur von dem Sandstaub hatten wir zu leiden, der so fein war, dass er bis in die verschlossenen Koffer drang.

Chal-ata, 21. April. Chal-ata (Chal- = Heilige, ata = Hügel, Berg) wird durch die recht gut erhaltene Ruine eines aus schönen gelben Backziegeln aufgeführten Bauwerks und durch die Reste von Gärten, die von halbzerstörten Mauern umgeben sind, bezeichnet. Ausserdem sind dort Grabmäler in reichlicher Anzahl vorhanden. In der Mitte, zwischen den Gärten und den Grabmälern, erhebt sich ein recht hoher Hügel, von dessen Spitze aus sich eine weite Aussicht über die hügelförmige, öde Umgegend darbietet; nur nach Süden hin sieht man in der Ferne, am Horizonte, Hügel sich erheben. An diesem Orte findet sich eine, Wasser in reichlicher Menge enthaltende Quelle. Das Wasser ist geniessbar, wenn auch salzhaltig. Die Ruine stammt aus der Zeit Abdulla Chans, Emirs von Buchara. In früherer

Zeit bestand hier eine Grenzfestung Buchara's gegen Chiwa: sie ist s. Z. von den Chiwesen zerstört worden. — Hier wird ein Lager aufgeschlagen, zum Bau einer Festung geschritten; der Vormarsch soll erst geschehen, wenn sich das kasalinskische Detachement mit dem taschkentschen vereinigt hat. Der Weg, der uns bevorsteht, ist unbekannt: die Angaben darüber lauten verschieden. Derjenige der Kirgisen, der noch die genaueste Kenntniss über den Weg zu haben scheint, giebt an, dass sich in der Entfernung von ca. 40—50 Werst ein Ort mit Quellen — Adam-Kirlgan — finde. Die Entfernung von Chal-ata bis zum Amu-Darja wird auch verschieden angegeben: sie wechselt zwischen 110—160 Werst. Der Vorschlag, ein fliegendes leichtes Detachement zur Rekognoscirung vorauszusenden, wird für's Erste im Kriegsrath nicht angenommen. Am Nachmittag um 3 Uhr beginnt ein starker *NO*Sturm, der uns mit Sand überschüttet. Am 22. dauert der Sturm fort; um Mittag wird die Hitze bedeutend, das Athmen wird sehr beschwerlich; die Luft ist so mit Staub geschwängert, dass die Sonne als schwachgelbe Scheibe erscheint, deren Licht weniger stark ist, als gewöhnlich das des Mondes. Das Thermometer zeigt im Zelt an der, der Mittagssonne entgegengesetzten Wand $+30^0$. Es erweist sich, dass der Verlust an Kameelen bedeutender ist, als man anfänglich, beim Beginn der Expedition und auch später, voraussetzen konnte. Die Sterblichkeit unter diesen Thieren dauert auch während der Rast fort: Viele von ihnen leiden an der Ruhr, andere sind mit Geschwüren geradezu bedeckt. Es wird der Bau der Festung unter der Oberleitung des Ingenieur-Obersten Schleifer begonnen. — Um $9^1/_2$ Uhr Abends wird der Sturm so heftig, dass im Lager einige Zelte weggerissen werden. — Bis zum 27. wüthete der Uragan Tag und Nacht, so dass man wirklich nicht wusste, wo und wie man sich vor dem Sandstaube retten sollte: in einer Entfernung von 10—15 Schritt konnte man einen Menschen nicht erkennen; Alles, was man genoss, war mit Sandstaub gemischt. Es half gegen das Eindringen desselben kein Mittel. General v. Kaufmann hatte z. B. eine Kibitka, die von einer doppelten Lage des schönsten dicken Filzes gefertigt und im Innern mit Seide überzogen war; vor dem Eingang war ein kleines Zelt aufgeschlagen, damit der Staub nicht einen direkten Zutritt finde. Dennoch waren Stühle und Tische mit einer Staubschicht bedeckt und beim Mittagsmahl während der kurzen Zeit, dass die Teller umhergereicht wurden, sammelte sich auf den Letzteren eine Staubschicht an. Dieser Staub war höchst quälend, da er die Haut reizte und dennoch uns halbwegs verhinderte, uns zu waschen: bei dem Waschen mit dem salzhaltigen Wasser wurde an und für sich die Haut spröde; setzte sich noch der Staub auf der feuchten Körperoberfläche fest, so entstanden Geschwüre. Uns that das Abreiben der gewaschenen Körperstellen mit Eau de Cologne sehr wohl. An Speisevorräthen war momentan kein Mangel. Die Soldaten bekamen ihre gesetzlichen Rationen und wir Offiziere konnten für Geld, wenn auch zu theueren Preisen, uns Schafe kaufen. Mehl und Grütze, und mitunter Fleisch lieferte die Intendantur; für die Pferde wurde Gerste ebenfalls von der Intendantur verabfolgt, jedoch war daran bei einzelnen Abtheilungen der Kosaken schon Mangel.

Es wurde eine Commission ernannt, um die Kameele zu besehen und ein Urtheil darüber zu fällen, wie viel Thiere noch brauchbar waren. Es ergab sich, dass von ca. 10,000 Kameelen 5700 Kameele theils gefallen, theils zurückgeschickt waren, und dass von den vorhandenen die Meisten sehr geschwächt, viele krank waren. Es war mithin klar, dass das ganze Detachement nicht ausrücken konnte und General von Kaufmann bestimmte, dass ein Theil der Schützenrotten und 2 Rotten[1] des 8. Linien-Bataillons für's Erste bei Chal-ata bleiben sollten, um später nachzufolgen: ein Intendantur-Transport, der von Taschkent unter Wegs war, sollte ihnen Kameele zuführen. Nachdem am 26. April die neuerbaute Festung eingeweiht war, wurde am 27. April um 3 Uhr Nachmittags bei ruhigem klaren Wetter ein fliegendes Detachement, welches aus 2 Rotten Infanterie, der Berg-Geschütz-Division, den Mitrailleusen und Kosaken bestand, unter dem Oberbefehl des Generals Berdowski, vorausgesandt, um zu erforschen, ob die Nachricht wahr sei, dass sich in Adam-Kirlgan Wasser in Menge finde. Am Morgen des 28. April kommt die Nachricht, dass bei dem Marsch dieses leichten Detachements ein Ueberfall seitens der Turkmenen stattgefunden, wobei unsererseits 9 Verwundete und 1 Todter zu beklagen seien. Nach dieser Katastrophe hatte das Detachement ein Bivouak bezogen und die Nachricht über den Vorfall nach Chal-ata in das Haupt-Quartier gemeldet. Die Verwundeten wurden darauf von Chal-ata aus abgeholt, und das Detachement rückte weiter. Es sei erwähnt, dass von den Verwundeten ein Kosak nachträglich starb. Bei der Ankunft der Verwundeten in Chal-ata erwies sich, dass Mangel an Verbandmitteln vorhanden war, besonders in dem kasalinskischen Feldlazareth. So konnte ich

---

[1] Rotte = Compagnie.

gleich bei dem ersten Mal, wo chirurgische Hülfe in Anspruch genommen wurde, unterstützend eingreifen. In der neugegründeten Festung St. Georg wurde ein Lazareth eingerichtet. Da sich herausstellte, dass ein Ueberfluss an Speisevorräthen nicht vorhanden sei, so überliess ich, auf den Wunsch des Ober-Commandirenden, die 3000 Portionen Danilewskischer Conserven und 1000 Portionen *Kitarrischer* Kartoffelgrütze dem Garnisonslazareth in der Festung, welches ausserdem noch Licht, Seife, Thee, Zucker, Wein, Klukwa-Essenz, Essigsäure, Kaffee-Extract, getrocknetes Gemüse erhielt. Dazu gelang es mir noch, 12 Pfd. Thee und 5 Pud Salz aus Buchara zu verschreiben

29. April. Es ist stilles, heisses Wetter, nur um Mittag treten Windstösse in Zwischenräumen von 15—20 Minuten auf. Nach den neuesten Nachrichten sind in der Steppe einzelne Banden Turkmenen zerstreut; bei Utsch-Utschak (Учъ-Учакъ) sollen 4—5000 Mann Turkmenen im Lager stehen. Bis zu dem nächsten Brunnen — Adam-Kirlgan — sind 38—40 Werst; die letzten 10 Werst tiefer Sand und hohe Sandberge. Die Turkmenen sollen neulich in der Nacht beim Allarm einen Todten und 3 Verwundete, bei dem Ueberfall am 26. April 2 Todte und mehrere Verwundete gehabt haben.

Am 30. April 3 Uhr Morgens rücken wir aus. Der Kameel-Train geht erst sehr gut geschlossen, dann dehnt er sich auf 5 Werst in die Länge aus. Auf der 24. Werst machen wir eine Rast von 4 Stunden. Der Verlust an Kameelen ist bedeutend. Abends 9$^{1}/_{2}$ Uhr kommen wir in Adam-Kirlgan an: die Pontons sind zurückgeblieben. Schon während des Marsches waren hin und wieder in weiterer Entfernung einzelne Turkmenen zu bemerken, die uns beobachteten.

Adam-Kirlgan ist eine von hohen aus Flugsand bestehenden Sandbergen umgebene Bergschlucht, in der sich einige Quellen befinden. Unsere vorausgesandten Sapeure haben, da das Wasser fast überall schon einen Faden tief unter dem Boden zu finden ist, einige Bassins gegraben, um die Kameele und Pferde zu tränken. Adam-Kirlgan ist eine natürliche, leicht zu vertheidigende Festung. — Das Wasser ist geniessbar, wenn auch stark bittersalzig. — Wie erwähnt, erst spät am Abend angekommen (die Arrière-Garde war noch in der Wüste zurückgeblieben, da die Kameele unter den Pontons gestürzt waren, mein Transport jedoch mit Verlust von 3 Kameelen glücklich angelangt), bezogen wir das Nachtlager. Die uns vergönnte Ruhe dauerte aber nicht lange. Um 3 Uhr Morgens war Allarm. 200 Turkmenen tummelten sich in der Umgegend des Lagers, wagten es jedoch nicht, näher zu kommen und, als sie wahrnahmen, dass unsere

Infanterie in kleineren Abtheilungen gegen sie ausrückte — verschwanden sie allmälig. Nur wenige Schüsse waren gewechselt worden.

Den folgenden Tag (1. Mai) über war es empfindlich heiss. Es war zum nächsten Morgen (2. Mai) 1 Uhr der Ausmarsch festgesetzt worden. Der Weg, auf dem wir marschiren sollten, galt nach der Aussage Aller für im Sommer fast unpassirbar; es war der Winterweg für die Karawanen. Die Entfernung vom Amu-Darja konnte nicht genau bestimmt werden. Unser bester Führer — ein Kirgise — war bei dem Ueberfall am 26 April als Opfer gefallen; ein anderer Kirgise gab an, dass wir noch ca. 100 Werst zurückzulegen hätten; ein Paar Bucharen dagegen bestimmten die Entfernung auf höchstens 75 Werst. — Die Asiaten haben keinen Begriff von unserer Werst, und da die Wüste wenig Anhaltspunkte giebt, so war eben die nähere Bestimmung der Entfernung sehr schwer. Es war bei dem Detachement von dem Ober-Commandirenden ein Offizier des Generalstabes mit dem Posten des Führers betraut worden. Der Letztere versammelte täglich die ihm zugetheilten Kirgisen, fragte sie des Längeren und Breiteren aus und aus dem Erzählten zog er das Resumé. Die Angaben, die er erhielt, waren freilich sehr primitiver Natur. Der eine der Kirgisen war vor so und so viel Jahren mit einer Schafheerde den Weg gezogen, hatte so viel Mal vom Sonnen-Aufgang bis zum Sonnen-Untergang in der Wüste verbracht und während der Zeit so und so lange, z. B. vom Moment, wo die Sonne am höchsten stand, bis dann, wo sie noch sechs Speereshöhen vom Horizont entfernt war, geruht; ein anderer hatte die Tour mit Kameelen zurückgelegt, ein Dritter mit Pferden. Der Eine sagte, nach seiner Meinung betrage die Entfernung 9—10 bucharische Tasch = 70—80 Werst; (8 Werst die Tasch); ein Anderer dagegen gab sie an auf ca. 18 chiwesische Tasch (6 Werst die Tasch) = 100—108 Werst. Man wird begreifen, dass bei den an und für sich schwierigen Verhältnissen solche Dinge die Lage nicht angenehmer machten. Der Umstand, dass so viele Kameele gestürzt waren, war Veranlassung, dass einige Truppentheile sich nicht reichlich mit Wasservorräthen für den bevorstehenden Marsch versehen konnten: dennoch hielt es der Kriegsrath für das Richtigste, dass wir am 2. Mai 1873 Morgens 1 Uhr ausrückten. Der Weg sollte sehr sandig und hügelig, mithin sehr beschwerlich sein.

Am 2. Mai um 1 Uhr Morgens setzten wir uns nun in Bewegung. Bis 9 Uhr hatten wir etwas mehr als 20 Werst zurückgelegt und machten hier Rast, da es sehr heiss wurde. Es ergab sich, dass die Arrière-Garde auf ca. 8 Werst zurückgeblieben war, da Kameele, die Wasserfässer und Artillerie-Munition trugen, gestürzt waren. Es wurden von unserer Haltestelle aus Kameele zur Hülfe entgegengeschickt. Unterdessen überlegte Jeder, was er wohl entbehren und vernichten könne, um nur die Last seiner Kameele zu erleichtern. Ueberall entstanden Scheiterhaufen, die aus den besten Koffern und oft theuersten Gegenständen gebildet wurden. Es erwies sich ein Mangel an Wasser, da theils Kameele mit Wasserfässern gestürzt waren, theils Wasser verdunstet, theils auch bei einzelnen Truppentheilen das vorhandene Wasser verbraucht war. Abends gegen 7 Uhr trafen die Kameele mit der Artillerie-Munition und den Wasserfässern ein. — Inzwischen war von einem Kirgisen in Erfahrung gebracht worden, dass ausser Adam-Kirlgan, ungefähr 8 Werst von unserem Rastplatz entfernt, noch ein Complex von sechs Brunnen vorhanden wäre. Eine Rekognoscirung ergab die Richtigkeit dieser Angabe. Um 1 Uhr Nachts brachen wir dahin, d. h. in der Richtung nach Norden auf, und kamen um 6 Uhr Morgens an. Der Marsch im Dunkeln war enorm beschwerlich, da hohe Sandberge zu übersteigen waren, und weder Kameele noch Pferde vorwärts wollten. Wir fanden, dass von den sechs Brunnen (olte kuduk) nur dreie Wasser in reichlicherer Menge boten; da sie jedoch ca. 8—10 Faden tief, gekrümmt und eng waren, so war das Wasserschöpfen ungemein schwierig und ging sehr langsam vor sich. Das hatte denn zur Folge, dass den Anforderungen der Soldaten nach Wasser nicht genügt werden konnte. Die Lage wurde peinlich, da es klar war, dass wir an Ort und Stelle unter den gegebenen Verhältnissen nicht bleiben konnten und da ein Weitermarsch ebenso riskant erschien, indem die Pferde und Kameele sehr erschöpft waren, und besonders die Artillerie schon während des letzten Nachtmarsches stecken zu bleiben drohte. Die Hitze während des Tages war schon sehr bedeutend und kaum erträglich und die Abspannung fast bei Allen bemerkbar — sie äusserte sich in einer Erregbarkeit des ganzen Nervensystems. Im Kriegsrath wurde nun beschlossen: alle Kameele und Pferde — mit Ausnahme der Reitpferde der Offiziere und der Pferde der Berg-Artillerie-Division und Mitrailleusen wie auch einiger Kosakenpferde nach Adam-Kirlgan — welcher Brunnen in gerader Richtung von unserm derzeitigen Standorte 18 Werst entfernt war—zurückzusenden, um dort den Intendantur-Transport abzuwarten und uns von dort Wasser und auch Lebensmittel, an denen Mangel einzutreten anfing, zurück zu bringen; es sollte so eingerichtet werden, dass der zu uns zurückkehrende Transport Kameele und Pferde bei uns am Morgen eintreffe, am Nachmittag desselben Tages — nachdem die rückkehrenden Pferde getränkt worden — sollten wir dann aufbrechen und suchen, den Amu-Darja zu erreichen; es musste, wenn die Anzahl Kameele und Pferde sich der Art verminderte, das Wasser, welches die Brunnen lieferten, für die an Ort und Stelle Bleibenden genügen.

Am 4. Mai um ca. 6 Uhr Morgens rückte der Transport von Kameelen und Pferden, unter militärischem Schutz, nach Adam-Kirlgan aus. Die Hitze war ausserordentlich quälend und unser Zustand wurde noch unangenehmer, als um ca. 9 Uhr Morgens sich ein *NW*-Sturm erhob, der uns mit Sand förmlich überschüttete. Gestern, während des grössten Wassermangels, kam es vor, dass ein Soldat, der vor dem Zelt des Ober-Commandirenden auf Posten stand, plötzlich in Folge der Hitze ohnmächtig wurde und erst nach einiger Zeit wieder zum Leben erweckt werden konnte, und ein Kirgise, der das ihm zugetheilte kleine Quantum Wasser—wie es sich nachher ergab — verkauft hatte, wurde unweit des Lagers todt gefunden. Wir sassen buchstäblich in einem heissen Sandboden von ungefähr $+50^0$ R. wenn nicht mehr, da der Sandboden bei Chiwa $+50^0$ R. in der Sonne zeigte; dabei war die Luft so trocken, dass man nicht zur Transpiration kam, der Boden so heiss, dass man nicht längere Zeit im Sande auf einer Stelle stehen konnte; die Kehle, der Mund waren trocken, unlöschbarer Durst peinigte uns und nur ein Gedanke lebte in uns: Wasser. Durch das Wegsenden der Kameele (ca. 3000 Kameele mit ihren Führern) und der Pferde, wie auch $3^1/_2$ Rotten Infanterie wurden die Anforderungen an Wasser geringer und es könnte nun an eine ordnungsgemässe Vertheilung desselben bei den Brunnen gedacht werden. Da die letzteren, wie oben erwähnt, sich als gekrümmt erwiesen, so war ein Herauswinden der Lederschläuche (Tursuks) sehr schwer; ausserdem fassten die hinuntergelassenen Säcke bald kein Wasser mehr. Daher wurden zwei Soldaten bis auf den Grund des Brunnens an einem Seil hinabgelassen, um denselben zu reinigen — in einem Brunnen fand man z.B. 2 todte Hunde — uud dann füllten sie an der am Grunde befindlichen Quelle den ihnen hinuntergereichten ledernen Sack; ein dritter Soldat war auf der halben Tiefe des Brunnens auf einem Vorsprung placirt, um den ledernen Sack zu dirigiren. Die Soldaten wurden alle halbe Stunde abgewechselt. Bei jedem Brunnen war ein Infanterie-Posten als Wache und zum Schutz gegen einen Ueberfall seitens 'des Feindes aufgestellt.

Vom 5. Mai ab konnte nun eine geregelte Vertheilung von Wasser an den Brunnen eintreten. Die Jedem zugetheilte Quantität betrug auf je 3 Mann einen kleinen Spann (Wedro) für 24 Stunden. Die Pferde sollten je einen Spann Wasser für 24 Stunden erhalten, man fand es jedoch praktischer und ökonomischer, Pontons bei den Brunnen zu placiren, diese zu füllen und die Pferde daraus zu tränken. Bei jedem Brunnen dejourirte ein Offizier, der die Ordnung aufrecht zu halten hatte und alle 2 Stunden abgelöst wurde; alle 2 Stunden wechselten auch die Theile des Detachements, die ein Anrecht auf den Empfang von Wasser hatten, die Artillerie-Division konnte z. B. von 2 — 4 Uhr Nachmittags für sich Wasser schöpfen, das Hauptquartier von 4 — 6 Uhr Nachmittags etc. Das uns so zugetheilte Quantum Wasser wurde mit Berechnung genossen, da wir uns zugleich für den bevorstehenden Marsch mit Wasser versorgen mussten, und ja auch nicht wussten, ob der nächstfolgende Tag uns Wasser bringen würde oder nicht. Ich habe stundenlang in der brennendsten Sonnenhitze am Brunnen gesessen, nur um als einer der Ersten an der Reihe zu sein und die Sicherheit zu haben, unsere Pferde zu tränken und die uns zukommende Menge Wasser zu erhalten. Das Quantum Wasser, welches man erhielt, wurde in einem Gefäss im Sande vergraben und mit Filz bedeckt, um es vor den Sonnenstrahlen zu schützen. Am 6. Mai waren ein Paar Offiziere, die des Morgens einen Ritt vom Lager aus zum grossen Karawanenweg hin machten, auf Turkmenen-Piquets gestossen, die alsbald die Flucht ergriffen. Einige am 5. Mai angekommene Bucharen versicherten, dass unser Lager vom Amu-Darja nicht mehr als 6 Tasch, d. h. 48 — 50 Werst entfernt sei. Kirgisen behaupteten, das orenburgsche Detachement stände nicht sehr weit von Chiwa und die Turkmenen hätten in einem Ueberfall auf das Berdowskische Detachement Verluste erlitten und befänden sich jetzt in wilder Flucht zum Amu-Darja; der Kirgise Dshaldy-Bey brachte als Beute ein leicht verwundetes Turkmenenpferd und ein Paar Kameele ins Lager.

Am 7. Mai traf die Nachricht ein, dass den 6. Mai Morgens 4 Uhr in Adam-Kirlgan ein Ueberfall seitens der Turkmenen auf das rückwärts gesandte Detachement stattgefunden hätte. Der kurze Bericht lautete im Auszug ungefähr so: Um 4 Uhr Morgens den 6. Mai 1873 zeigten sich bei Adam-Kirlgan von Süden nach Westen ca. 400 Turkmenen, zu denen später noch eine Reserve stiess, so dass man die Zahl des Feindes auf ca. 600 Mann schätzen konnte. Es wurden die Schützen-Compagnien, ohne dass Allarm geschlagen worden war, dem Feinde entgegengesandt, und nachdem sie demselben durch ihr Feuer einen Verlust an Menschen und Pferden beigebracht hatte, gingen 2 Sotnien Kosaken und eine Raketen-Division zur Attaque vor. Von drei abgefeuerten Raketen platzte eine in der Mitte der Masse des Feindes, worauf dieser die Flucht ergriff und 4 Werst weit verfolgt wurde. Ein gefangener Turkmene giebt folgende Auskunft: 600 Turkmenen unter der Anführung Sadik's seien am 5. Mai von Utsch-Utschak ausgerückt mit 200 Kameelen, die Wasser trugen; sie hätten die besten Pferde genommen, in der Nacht einige Stunden gerastet und wären am andern Morgen in Adam-Kirlgan angekommen. Die Entfernung von Olte-Kuduk bis zum Amu-Darja betragen 6 Tasch = 48 — 50 Werst; der Sand auf dem Wege sei nicht so tief wie bei Adam-Kirlgan. Unweit Utsch-Utschak befinde sich eine aus Stein (Lehm) erbaute Festung, mit einer Besatzung von 1600 Mann. Ursprünglich habe die letztere 2600 Mann gezählt, doch hätte man 1000 Mann nach Kungrad dirigirt, da ein von Orenburg aus anrückendes Detachement schon Rekognoscirungen in der Umgegend von Kungrad mache. Bei Utsch-Utschak gebe es viel Schilf- und Grasfutter für Pferde und Kameele; der Weg von Utsch-Utschak nach Schurachan führe über harten Weg längs dem Flusse; eine Tagereise vor Schurachan sei das Land schon bebaut; Schurachan selbst sei eine kleine Stadt von 1200 Wohnhäusern, die Bewohner derselben seien nicht geflohen; sowohl bei Utsch-Utschak wie bei Schurachan existiren Ueberfahrten. Dieses die Aussage des Gefangenen, die für uns angenehme Nachrichten enthielt.

8. Mai Morgens, nach einer heissen Nacht, ist der Himmel bewölkt, was bei dem herrschenden *NNW*. Winde die Hitze, die in der Sonne + 42° beträgt, erträglicher macht; die Ueberschüttung mit Sandstaub ist höchst unangenehm. Den 9. Mai um 6½ Uhr Morgens kam die Tête der nach Adam-Kirlgan gesandten Kolonne an, über ein Drittel der von uns nach Adam-Kirlgan gesandten Kameele waren an ruhrähnlichen Durchfällen zu Grunde gegangen. Die rückkehrenden Pferde wurden getränkt und um 3 Uhr Nachmittags rückten wir aus. In Olte-Kuduk blieb der Commandeur des 3. turk. Schützenbataillons, Oberst Nowamlinsky, mit einigen Rotten Infanterie, der schweren Batterie und einem Theil des Trains, der wegen Mangel an Kameelen nicht fortgeschafft werden konnte, zurück. Von meinen 28 Kameelen waren mir nur 11 Kameele übrig

geblieben. Ich hatte während der letzten Tage vielerlei von meinen Vorräthen in das Feldlazareth und an die Mannschaften und Offiziere vertheilt, hatte ein Zelt während des Marsches verbrennen müssen und liess das andere bei dem zurückbleibenden Detachement. Nachdem wir bei bewölktem Himmel um 3 Uhr Nachmittags ausgerückt waren, marschirten wir ca. 5 Stunden, hatten schliesslich 17½ Werst zurückgelegt und bezogen als es dunkel wurde, ein Bivouak: in der Mitte der Train, rings umher die Truppen.

10. Mai Morgens 3 Uhr rückten wir weiter und marschirten bis 9 Uhr, wo es so heiss wurde, dass wir Rast machten. Wir hatten ca. 14 Werst zurückgelegt. Ungefähr 8 Werst vor dem Rastorte sahen wir von einer Anhöhe aus die drei Gipfel der Berge, welche den 4 Werst vom Amu-Darja gelegenen See Sardabakul begrenzen. Mit Hurrah begrüssten alle Truppen dieses Zeichen des nahe bevorstehenden Endes unseres beschwerlichen Marsches. Nachdem wir uns gelagert hatten, zeigten sich auf den nächsten Höhen feindliche Reiter, die jedoch schleunigst flohen, als sich ihnen Kosaken näherten. Nachmittags 3 Uhr Aufbruch. Nachdem wir 3½ Stunden — 1½ Stunde Rast — marschirt sind, zeigen sich vor uns wiederum feindliche Reiter, deren Zahl bis auf einige hunderte steigt. Da es anfängt zu dunkeln, so wird ein Bivouak bezogen. Das Lager wird in Carréform aufgeschlagen — der Train in der Mitte. Die ganze Nacht über dauerte das Plänkeln der Turkmenen mit unseren Vorposten. Am Morgen um 2 Uhr erreichten uns 5 Sotnien Kosaken, welche die Strecke von Adam-Kirlgan in 11 Stunden zurückgelegt hatten.

11. Mai Morgens um 3½ Uhr brechen wir auf und gehen in Schlachtordnung vor, der Train in der Mitte, rund herum die Schützenkette. Auf den vor uns liegenden Höhen zeigt sich der Feind in grösserer Menge, empfängt uns mit schrecklichem Geheul und feuert aus Falconets und Flinten. Der Ober-Commandirende reitet mit dem Hauptquartier gleich hinter der Schützenkette. Es gewährte einen prächtigen Anblick, wenn man umschaute: hinter uns die gleichmässige, dunkle, sich in langsamen Schritte vorwärtsbewegende Masse, umgeben von den in weissen Kitteln dahinschreitenden und von Zeit zu Zeit Feuer gebenden Infanteriecolonnen; rings herum von allen Seiten die auf ihren grossen schönen Pferden dshigitirenden (allerlei Reiter-Kunststücke ausführenden) Turkmenen, welche bald hier, bald dort es wagten, einen Vorstoss zu machen, bald aber in wilder Flucht zurückeilten. Gleich-

sam als ob die Kameele und Pferde es ahnten, dass ihre Qual ein Ende erreiche — sie gingen ruhig und gleichmässig vorwärts und nicht ein Kameel stürzte. Als wir auf den Gipfel der Berge gekommen waren, sahen wir in der Entfernung von ca. 1 Werst vor uns, zu unseren Füssen, den See Sardabakul, der im Frühjahr bei hohem Wasserstande mit dem Amu-Darja zusammenhängen soll, jetzt jedoch von ihm getrennt war; nach rechts vom See— d. h. NW — war eine Ebene, in der eine alte Ruine stand; hier zeigte sich der Feind in grösserer Menge. Es wurden ihm drei Granaten zugesandt und — er entfloh in wilder Hast. Die Truppen erhielten Befehl, sich bei der Ruine zu sammeln. Es sei mir gestattet, hier eines Beispiels von grosser, aufopferungsfähiger Disciplin zu erwähnen. Da es bekannt war, dass das Wasser an der uns nahen Seite des Sees faulig war und da man fürchtete, es könnte, wenn nicht erst Posten aufgestellt wären, Unordnung entstehen und so dem Feinde Gelegenheit gegeben werden, uns zu schaden, so wurde den Soldaten befohlen, von dem Wasser des Sees nicht zu trinken: einzelne Patrouillen gingen durch die flache Stelle des Sees an seinem Ufer entlang und nicht ein Soldat bückte sich um zu trinken. Als sich die Truppen und der Train bei der Ruine gesammelt hatten, wurden Posten ausgestellt und ein Lager bezogen. Der Ober-Commandirende, General von Kaufmann, nahm aber erst noch Gelegenheit, den Truppen für ihren heroischen Muth, ihre Aufopferungsfähigkeit und Ausdauer zu danken. Es kam darauf die Nachricht, dass am Amu-Darja, ca. 9 Werst vom See Sardabakul die Turkmenen sich gelagert hätten. Die Cavallerie erhielt Ordre, zur Verfolgung des Feindes aufzubrechen und der Ober-Commandirende mit dem Hauptquartier folgte ihr. Es wurde hier ein Beispiel für die Ausdauer der Kosakenpferde geliefert: Nachdem diese Thiere den Weg (ca. 70 — 73 Werst) von Adam-Kirlgan bis zum See Sardabakul in der Zeit von Nachmittags 3 Uhr bis zum anderen Morgen 8 Uhr zurückgelegt hatten, befahl der Commandeur der Cavallerie, die Pferde nicht zu tränken und liess die Cavallerie ausrücken: sie machte noch 20 Werst, und die letzten 10 Werst in Carrière; kein Pferd stürzte.

Als wir, d. h. das Hauptquartier, an die Stelle kamen, an der die Turkmenen ihr Lager gehabt hatten, machten wir Halt. Da erhielten wir die Nachricht, dass in einer Entfernung von ca. 8 Werst, die 5 Sotnien Kosaken die fliehenden Turkmenen an einer steilen Stelle des Ufers erreicht hätten und es zum Handgemenge gekommen wäre: die Turkmenen seien dann in 12 Böten über den Fluss gesetzt. Wir ritten darauf im schärfsten Trabe oder zeitweise Carrière nach. Als wir an der bezeichneten Stelle ankamen, ergab es sich, dass die Turkmenen in der That theils in Böten den Fluss überschritten hatten, theils zu Lande entflohen waren. Ein flaches, grosses turkmenisches Boot — Kajuk — von der Form unserer Holzbarken, doch flacher, war in der Mitte des Flusses, ca. 1800 Schritt vom Ufer, auf einer flachen Stelle sitzen geblieben: wir konnten sehen, dass sich in demselben Kühe, Hammel, ein Pferd und einige Turkmenen befanden. Während wir uns lagerten, um unseren Pferden etwas Ruhe zu gönnen, entstand plötzlich ein Uragan, der das Wasser im Flusse zu hohen Wellen thürmte. Da zu befürchten stand, dass die Turkmenen diesen Umstand benutzen würden, um das Boot flott zu machen — man sah, dass sie dazu Anstalten machten — da wir aber selbst der Böte bedurften, so gewährte der Ober-Commandirende die Bitte einiger Kosaken aus der I. Uralschen Sotnie, auf ihren Pferden durch den Fluss zu schwimmen und das Boot zu holen. Während diese Freiwilligen ihr Werk ausführten, wurde vom Ufer aus mit dem Berdanschen Gewehr über das Boot hinweg gefeuert, um die Turkmenen zu hindern, auf die herannahenden Kosaken zu schiessen. Als aber die Letzteren den Turkmenen sichtbar wurden, ergriffen diese die Flucht, und ohne Kampf nahmen die Kosaken von dem Boote Besitz und brachten es, nachdem ihnen noch 6 Mann zu Hülfe gekommen waren, glücklich an das Ufer. Hierbei zeigte ein junger Kosak, wie gut die Uralschen Kosaken mit dem Wasser und mit ihren Pferden umzugehen verstehen: er sammelte 12 Pferde seiner Kameraden, bestieg sein eigenes Pferd und trieb diese Tabune (Pferdeheerde) gegen Strömung und Wind an das Land; dadurch machte er es den Kameraden möglich, das Boot flott zu machen. Die in dem Boote enthaltenen 21 Hammel, 2 Kühe, Waffen, Kleider wurden den Kosaken geschenkt, ausserdem erhielten sie 100 Rbl. S. für das Boot, und der junge Kosak für sein Wagestück mit den Pferden noch 25 Rbl. S. extra. — Gegen Abend kehrten wir zu der Stelle am Flussufer zurück, an der die Turkmenen ihr Lager gehabt hatten, und wo unterdessen auch der Train angekommen war; die Kosaken blieben am Ufer bei dem Boote. An demselben Abend waren aus den Pontons 3 kleine Böte zusammengestellt worden; in dem Einen fuhr ich mit einigen Sapeuroffizieren spazieren, als einer der Ersten, die von dem Amu-Darja Besitz genommen. — Der Amu-Darja hat hier eine

Breite von ca. 1200 — 1300 Schritt, in der Mitte befindet sich eine Art Insel; weiter unterhalb ist der Fluss breiter; ca. 2000 — 3000 Schritt. Das rechte Ufer ist steil, das linke flach; beide Ufer weisen tiefen Sand auf, der hart am Flusse mit Schilf und Gras bewachsen ist; auf dem rechten Ufer kommt abwechselnd nur harter Lehmboden und Eisenkies vor. Auf dem linken Ufer soll die nächste Stadt ca. 60 Werst, Chiwa dagegen 120 Werst entfernt sein.

12. Mai. Der Uragan dauerte fort, doch in geringerer Stärke; es war empfindlich kühl. Der Amu-Darja geht in hohen Wellen; sein Rauschen gleicht dem Tosen der Meeresbrandung. Nachmittags um 5 Uhr wird ein Dankgebet für die glückliche Ankunft am Amu-Darja abgehalten.

Am 13., 14. und 15. Mai marschirten wir längs dem Flusse, bald hart am Wasser, bald etwas weiter ab vom Flusse auf einem Karawanenwege, je nachdem die Beschaffenheit des Ufers, welches bald flach ist, bald aus steilen Felswänden besteht, es erlaubte. Waren auch die Schwierigkeiten dieser Märsche nicht gering zu schätzen, so standen sie doch nicht im Vergleich mit den von uns überstandenen Strapazen; wir hatten ja Wasser und die Nähe des Wassers milderte die Hitze; auch hatte die Plage mit den Kameelen aufgehört, da diese nun genügend Nahrung fanden. Der Unterschied zwischen der Temperatur Nachts und am Tage war zwar bedeutend und es fing an, an Lebensmitteln zu mangeln. Die Kosaken assen Pferdefleisch; unter die Offiziere vertheilte ich die von mir mitgenommenen Conserven.

Am 13. Mai wurden dem Oberst Weymarn, welcher einen Transport der Intendantur führte, 100 Kameele mit Wasser nach Adam-Kirlgan entgegengesandt. In den 3 Tagen haben wir ca. 50 Werst zurückgelegt; auf dem Wege fanden wir die Kadaver von Kameelen und Pferden, welche von den Turkmenen während ihrer Flucht zurückgelassen worden waren. — Am 16. Mai, nach einem Marsche von 22 Werst, gelangten wir in eine ca. 6 Werst vom Flussufer gelegene Ansiedelung Ak-Kamysch (Акъ-Камышъ). Hier fanden wir von Gräben durchschnittene Klever- und Weizenfelder; in der Mitte der Felder ist ein grosses Wasserbassin, um welches rings herum Lehmhütten gebaut sind; in weiterer Entfernung finden sich auch zerstreut einige solcher Hütten. Wir hatten eine sogenannte Kischlak, eine Kolonie, vor uns. Die Bewohner waren mit Hab und Gut geflohen.
— Bei uns nimmt der Mangel an Lebensmitteln immer grössere Proportionen an; einzelne Truppentheile haben kein Salz, da sie einen

Theil ihres Vorraths in der Wüste hatten wegwerfen müssen. — Um 12 Uhr Mittags wird in der Umgegend von Ak-Kamysch, in der Nähe unseres Lagers ein Turkmene gefangen. Derselbe giebt an, dass ca. 3 Werst vom Lager, in einem grossen Kanal (арыкъ), der in den Amu-Darja mündet, ein grosses chiwesisches Boot (каюкъ, kajuk) läge, und dass die Turkmenen auf der andern Seite des Flusses Amu-Darja, ca. 6 Werst von unserem Lager, ein befestigtes Lager bezogen hätten. Der Ober-Commandirende forderte aus dem Haupt-Quartiere Jeden, der da wünschte, auf, ihn bei einer Rekognoscirung zu begleiten, und um $2^1/_2$ Uhr rückten wir in Begleitung einer Sotnie Kosaken aus. Nachdem wir erst unser erbeutetes, von Kosaken bewachtes Boot besichtigt hatten, ritten wir durch einen Urwald, in dem Nachtigallen schlugen und aller Orten das Gezwitscher der Vögel erklang, und dann längs dem Flussufer des Amu-Darja bis zu der Stelle, der vis-à-vis die Turkmenen eine befestigte Stellung eingenommen haben sollten. Bald wurden wir des Lagers auch ansichtig. Die Feinde liessen uns bis an das Wasser herankommen, dann aber begrüssten sie uns mit Vollkugeln. Sie schossen aus 2 Geschützen. Nachdem der Ober-Commandirende das Lager rekognoscirt hatte, ritten wir im Schritt zurück: die Offiziere des Haupt-Quartiers geschlossen, die Kosaken umherschwärmend. Die vom Feinde uns zugesandten Vollkugeln von 6—9 Pfund Gewicht verfolgten uns bis in die Sandberge hinein. Zum Glück fiel keine Kugel in unsere Kolonne; wären es Granaten gewesen, so hätte es wohl einige Verwundungen gegeben. — Wir ritten darauf stromaufwärts, unseren Böten, oder, wie wir sie nannten, unserer Flotte entgegen. Wir trafen sie 4—5 Werst oberhalb der Festung. Unter Anführung eines Marine-Offiziers, Subow, hatten unsere drei kleinen Böte 9 kleinere chiwesische Böte unter den Augen des Feindes und unter seinen Kugeln gekapert, ohne auch nur einen einzigen Verwundeten oder Todten zu haben. Auf dem Wege zu den Böten stiessen wir auf eine neuerbaute chiwesische Festung, die erst vor Kurzem verlassen sein musste. Der Ober-Commandirende befahl, dass unsere Artillerie die feindliche Position am andern Tage bei Tagesgrauen beschiessen und dass die Flottille versuchen sollte, bei der Festung vorbei zu segeln. Ich wurde aufgefordert, die Expedition mitzumachen. Natürlich nahm ich den Vorschlag gern an. Abends $11^1/_2$ Uhr fing es an zu regnen bei *NW* Wind, doch dauerte der Regen nur 10 Minuten; in der Nacht war es peinlich kalt. Um $6^1/_2$ Uhr Morgens erhielten wir dann den Befehl, auszurücken; wir leisteten ihm sogleich Folge und fuhren stromabwärts. Während der Fahrt nahmen wir noch ein Paar Böte unter dem Feuer der Turkmenen weg. Als wir in die Nähe der Festung kamen, sahen wir, dass dieselbe von dem Feinde, in Folge des gutgezielten Feuers unserer Artillerie, verlassen worden war. Wir landeten, durchsuchten das ganze Lager, fanden aber ausser zwei grossen Böten, Reis und Salz nichts Erhebliches. Die Flottille fuhr bei der Festung vorbei in einen grossen Kanal (arik) hinein, in welchem das von den Kosaken genommene chiwesische Boot lag; die Truppen gingen in das Lager nach Ak-Kamysch zurück. Bei der Beschiessung waren auf unserer Seite ein Pferd getödtet, einige Pferde verwundet und das Rad an einer Laffette zertrümmert worden; einen Verlust an Menschenleben hatten wir nicht zu beklagen.

Von dem Boot aus ritt ich in das Lager zurück. Die Chiwesen hatten am Flusse eine andere Position eingenommen: Wachtfeuer kennzeichneten am Abend ihre Stellung; am Nachmittag hörte man sie mit Kanonen schiessen.

Am 18. Mai Morgens 4 Uhr brach das Detachement auf. Man hatte den Entschluss gefasst, bei der gestern von den Turkmenen verlassenen Festung über den Fluss zu setzen. Um ca. 10 Uhr Morgens kamen die Böte an. Das Uebersetzen ging trotz des reissenden Stromes rasch; nach 4 Stunden waren schon 4 Berg-Geschütze und 4 Rotten Infanterie nebst ihrer Bagage auf der andern Seite. Damit war die Befestigung Scheich-arik, nach Aussage von Specialisten ein enorm fester Punkt, unser und der Uebergang gesichert. Das Wetter war sehr schön: *NW* Wind. Bis zum Abend waren auch der Artilleriepark und noch einige Theile des Detachements übergesetzt. Am Abend spät jedoch erreichte das Wasser im Flusse eine solche Höhe, dass es aus seinen Ufern heraustrat und die Umgegend weithin überschwemmte; in Kanälen, die am Morgen noch trocken gewesen waren, reichte das Wasser den Kameelen bis zum Bauch. Um 10 Uhr Abends mussten wir aufbrechen und im Dunkeln durch die mit Wasser gefüllten Kanäle mit Kameelen und Pferden, mit Sack und Pack in die höher gelegenen Sandberge flüchten. Hier schliefen wir unter freiem Himmel bis 6 Uhr Morgens, wo wir wiederum durch mit Wasser gefüllte Kanäle zum Landungsplatze zogen. Hier angekommen, ward der Befehl ertheilt, abzuladen. Unterdessen hatte durch die zunehmende Wassermenge der Fluss das Doppelte seiner ursprünglichen Breite erreicht und bei dem stets wüthenden *NW* Winde nahm diese Breite fortwährend zu; dabei war die Strömung enorm stark und das Uebersetzen äusserst schwierig, da die Böte von der Strömung trotz aller Anstrengung der Insassen weit hinuntergetrieben wurden Wir bekamen daher den Befehl, uns 2½ Werst stromaufwärts zu begeben, wo der Strom weniger breit war. Dieser Marsch bot recht viele Schwierigkeiten, da die Kameele durch die mit Wasser überfüllten Kanäle gehen mussten. Der Fluss gewann mit jeder Stunde an Breite, die Strömung an Stärke. Nur ein Boot, bei dem ein Nothsegel gemacht worden war, vermochte bis zum Dunkelwerden 4 Fahrten zu machen, die anderen Böte machten nur 3 Fahrten. Die Böte mussten auf dem linken Ufer eine Werst oder mehr stromaufwärts an einem Seile gezogen werden und dennoch riss der Strom sie fort, so dass sie, bei unserer Landungsstelle vorbei, rasend rasch stromabwärts getrieben wurden. Das Fahrwasser war dabei der vielen seichten Stellen wegen sehr schlecht. — Abends 9 Uhr kam der Grossfürst Nikolai Konstantinowitsch in Begleitung einer chiwesischen Deputation von dem linken Ufer zu uns in das Lager auf das rechte Ufer. Nach der Beschiessung der Befestigung am Flusse Scheich-arik hatte sich die ganze chiwesische Streitmacht in Furcht und Schrecken auf den Weg nach Chiwa aufgemacht und selbst der Gouverneur von Chasar-asp (1000 Pferde, Chasar — 1000 asp — Pferd), einer von Scheich-arik in einer Entfernung von 12 Werst gelegenen Festung, ein Vetter des Chans von Chiwa, war nach der Hauptstadt geeilt. Die aus 4 Mann bestehende Gesandtschaft sollte Friedensvorschläge machen und die friedliche Gesinnung der Bewohner des Landes bezeugen. Sie blieb die Nacht über bei uns und reiste den 20. Mai Morgens mit einem Handschreiben des Ober-Commandirenden an den Chan ab. — Das Wasser im Flusse stieg gegen Abend nicht mehr, der *NW*. Wind wurde milder.

20. Mai. Die Nachricht traf ein, dass die Bewohner der Stadt Schurachan sich geflüchtet hätten, die Umgegend aber bewohnt sei, so dass das ausgesandte Fouragier-Detachement im Stande wäre, Lebensmittel einzukaufen. Ich setzte in einem kleinen Boote über den Fluss, indem ich meine Pferde hinter dem Boote herschwimmen liess. Mein Waarenlager wurde in drei Fahrten hinübergeschafft. In Scheich-arik wurde ein Bazar eröffnet, doch war der Handel gering, da die Bewohner der Umgegend ausser Pferdefutter kaum etwas heranbrachten. Rings um uns her war tiefer Sand und es herrschte der grösste Mangel an Brennmaterial. In einer Entfernung von 1½ — 2 Werst sah man die schönsten Gärten, in denen Vieh, Schafe etc. sichtbar waren, doch verbot ein strenger Befehl des

Ober-Commandirenden das Ueberschreiten der Vorpostenkette. Gegen Abend war fast das ganze Detachement auf dem linken Ufer. Es fehlte an Speisevorräthen: wir lebten von ein bis zwei Mehlkuchen, die wir zu 15 — 20 Kopeken das Stück von den Chiwesen kauften, dazu tranken wir Thee. Nach der Aussage von Chiwesen ist das Orenburgsche Detachement in Kungrad oder noch näher bei Chiwa.

Die Kameele blieben auf dem andern Ufer für die Beförderung des in Olte-Kuduk zurückgebliebenen Detachements; unser Train sollte auf Arben (zweirädrige chiwesische Karren) weiter geschafft werden. Die Arben hoffte man von den Landesbewohnern zu erstehen.

21. Mai Mittags erschien der Commandant von Chasar-asp und bot die Festung mit den dort befindlichen Kanonen zur Uebergabe an. Der bei Scheicharik, bei dem Lager, errichtete Bazar wird von den Chiwesen sehr wenig besucht, die Preise sind enorm hoch, ausser Pferdefutter ist, wie gesagt, so gut wie Nichts zu haben. Für den Fuhrpark von 600 Arben sind für's Erste 30 Arben angeschafft.

22. Mai. Heute Morgen erschienen auf dem Bazar nur fünf Perser und diese erzählten, dass die Turkmenen aus Chiwa zurückgekehrt wären, jetzt unter Mahomed Murat und Mahomed Nias ständen, und alle Bewohner des Landes zwingen wollten, nach Chiwa auszuwandern. Da in unserm Detachement grosser Mangel an Nahrungsmitteln herrschte, so wurde von dem Ober-Commandirenden eine Fouragier-Expedition unter folgenden, streng einzuhaltenden Bedingungen angeordnet: Die Fouragier-Colonne besteht aus kleinen Abtheilungen jeder einzelnen, das Detachement zusammensetzenden Militar-Abtheilung und hat als Bedeckung mit: 2 Berggeschütze, zwei Rotten Infanterie und 50 Kosaken; wo Bewohner sind, darf das erlaubte Nothwendige nur für Geld und für den Preis, den die Bewohner verlangen, genommen werden; wo keine Bewohner sind, darf man Nahrungsmittel und Pferdefutter nehmen, wenn es frei da liegt; das Erlaubt-Nothwendige beschränkt sich strickt auf Nahrungsmittel und Pferdefutter; wer gegen diese Regel verstösst, wird vor ein Kriegsgericht gestellt. — Ich begleitete die Expedition als Volontair. Gleich im Anfange des aus Lehmhäusern, die von Gärten und Feldern umgeben sind, bestehenden Dorfes (Kischlak) trafen wir Bewohner an: denselben wurde befohlen, Viehfutter und Nahrungsmittel an Ort und Stelle zu schaffen. Da uns aber sofort mitgetheilt wurde, dass die Turkmenen in der nächsten Nähe umherschwärmten, so beschloss der Commandirende unserer

Expedition eine Rekognoscirung vorzunehmen: wir gingen mit einer Rotte und den 2 Berggeschützen vor, nachdem ein Kosak in das Lager geschickt worden war, um Meldung zu machen. Ich ritt mit zur Rekognoscirung. Nachdem wir 3 Werst vorgegangen waren, sahen wir eine Anzahl von Arben sich unter Bedeckung von Turkmenen nach Chasar-asp hin fortbewegen. Ausserdem bemerkten wir, dass Bewohner der Häuser auf Nebenwegen nach Chiwa zu eilten.

Es sei mir gestattet, hier einige Worte über die Landschaft zu sagen, in die wir nun eingetreten sind, und die auf uns ja einen um so erfreulicheren Eindruck machen musste, als wir wochenlang in der Wüste gepilgert waren. Das Land ist hier so bebaut und angepflanzt, wie in den besten Gegenden in Europa, wo Landhäuser in der Nähe einer grossen Stadt stehen; dabei ist es von Gräben (Kanälen) grösserer und kleinerer Breite vielfach durchschnitten, so dass man oft ganz kleine, von Wasser rings umgebene Parcellen findet. Jedes Feld, jeder Garten hat seinen Graben; in jedem Graben ist fliessendes Wasser, welches aber abgesperrt werden kann, so dass alsdann der Graben trocken bleibt. An den Verbindungsstellen grösserer und kleinerer Kanäle findet man häufig Wasser-Schöpf- und Berieselungs-Maschinen. Diese bestehen aus einem senkrecht gestellten Rad, an dessen Peripherie Krüge angebracht sind; wird das senkrecht gestellte Rad mittelst eines dazu besonders eingerichteten, horizontal gestellten, durch ein Pferd oder ein Kameel getriebenen Zahnrades in Bewegung gesetzt, so schöpfen die Krüge das Wasser aus dem Kanal und werfen es auf das Feld. — Der Hauptweg, der 2 — 3 Faden breit ist, führt in Schlangenlinien durch das Land; auf ihn münden kleinere, schmälere Wege, die zu den einzelnen Häusern führen. Die Häuser stehen in einer Anzahl von 2 — 4 an einer Stelle zusammen und gleichen so den Bauergehöften oder Gesinden in Livland; das eine Gebäude bildet das Wohnhaus, das Andere den Stall etc. Ausserdem kommen noch die Moscheen (мечетъ, Medschéd), und Schulen (медресъ, Medréss) vor; in der Umgebung der Moscheen sind die Grabstätten. Hinsichtlich des Baues der Häuser und der Mauern gilt dasselbe, was wir weiter unten über die Stadt Chiwa selbst anführen. Die Häuser sind hier gewöhnlich im Carré gebaut, so dass in der Mitte ein freier Platz ist, auf dem ein Baum steht und in dem sich ein Teich befindet. Im Innern der Häuser sieht es traurig, schmutzig und armselig aus. Sessel und Stühle existiren nicht; mitunter findet man gewirkte Teppiche, meist nur Filzstücke;

von Wirthschafts-Maschinen habe ich bemerkt: einen einfachen Hackenpflug; eine einfache Woll- oder Seiden-Spinnmaschine, die einem Spinnrocken ohne Trittbrett gleicht; als Hammer dient ein unförmiger Klotz aus steinhartem Holz, in welches ein Holzstiel hineingelassen worden ist; die Messer sind meist ungeschlacht; Grütze bereiten die Einwohner, indem sie das Korn (Reis, Weizen) mittelst eines Holzklöpfels in einem grossen Holzmörser zerstossen; Oelpress- und Mehl-Mahlmaschinen einfachster Construction, die mittelst eines Kameels oder Pferdes in Bewegung gesetzt werden, findet man ebenfalls. Das von den Chiwesen gefertigte Seidenzeug (Kanawas) ist grob und schlecht, von gelber oder rother Farbe; der von ihnen bereitete Wein schmeckt schauderhaft. Die vorkommenden Bäume sind wunderschön: Bananen, Maulbeerbäume etc.; der Weinstock ist ziemlich selten; Reis, Weizen und Gerste sind die Haupt-Feldfrüchte; dann noch Luzern als Pferdefutter.

Doch ich kehre zurück zur Rekognoscirung. Als wir bemerkten, dass die Turkmenen eine Anzahl Arben in der Richtung nach Chiwa zu begleiteten, erhielt der Commandeur der Kosaken den Befehl, links querfeldein abzuschwenken, um auszukundschaften, wen und wie viel Feinde er vor sich habe. Er sah sich sehr bald einer überlegenen Anzahl Turkmenen gegenüber, die ihn mit seinen 50 Mann umzingeln wollten. Da befahl er einigen der Kosaken abzusitzen und als Infanteristen in die Kette zu gehen: kaum sah der Feind diese Infanteristen, so zog er sich zurück. Als die Meldung hierüber eintraf, schickte der Commandirende Schützen in die Kette, liess diese ausschwärmen und so rückten wir unter fortwährendem Feuern weiter, bis wir an eine Stelle kamen, wo sich vor uns eine Fläche ausbreitete. Jenseits der Fläche sammelte sich der Feind in grösserem Haufen, während ein Theil desselben uns allmälig von dem Lager abzuschneiden suchte, so dass einige in das Lager abgesandte Kosaken zurückkehrten, da sie befürchten mussten, von einer Uebermacht vernichtet zu werden. Hier an dieser Stelle, am Rande der Fläche, nahmen unsere zwei Geschütze Posto und dem Feinde wurden ein Paar Granaten zugesandt, welche gleich ihre Wirkung hatten: — der Feind floh. Wir rückten weiter, doch unerwarteterweise befahl der Commandirende die Umkehr. Es fing an zu dunkeln und vielleicht war es, da die Hülfe aus dem Lager ausblieb, die Besorgniss vor einem Nachtgefecht gegen einen an Zahl sehr überlegenen Feind, welche ihn zu den Befehl bewog. Wir gingen zurück, von allen Seiten von dem Feinde attaquirt, der durch unser Rückwärtsgehen Muth zu schöpfen schien.

Hierbei kam die einzige Verwundung unsererseits vor, der Commandeur der Rotte erhielt aus einer Entfernung von 20—30 Schrit einen Schuss in das Becken. Kaum waren wir 3 Werst zurückgegangen, so kam uns Unterstützung aus dem Lager — leider war es jetzt zu spät. (³/₄ 6 Uhr Abends). Wir kehrten also in unser Lager zurück, wobei auf dem Heimwege die Soldaten sich mit Lebensmitteln reichlich versorgten.

Von dem heutigen Tage an hatte alle Noth ein Ende. Die Erlebnisse bis zum Einzuge in Chiwa sind sehr einfacher Natur.

Am 23 Mai brachen wir auf (8 Rotten, 4 Berggeschütze, 4 Geschütze der reitenden Kosaken-Artillerie, 2 Mitrailleusen, Kosaken), um die Festung Chasar-asp zu besetzen, nöthigen Falls mit Sturm zu nehmen. Auf der Hälfte des Weges aber kam uns der Commandant der Festung Chasar-asp entgegen, um uns dieselbe zu übergeben; zugleich gab er einen (durch die Tagesblätter bekannt gewordenen) Brief des Chans an den General v. Kaufmann ab, in welchem der Chan von Chiwa sich verwundert darüber äusserte, dass die Russen in sein Land kämen, er wolle aber dem ungeachtet Frieden halten, falls die Russen sogleich sein Land verliessen. Dieser Brief blieb natürlich unbeantwortet. — Wir rückten darauf in Chasar-asp ein. Chasar-asp ist eine als unregelmässiges Viereck gebaute Festung von bedeutendem Umfang, an die sich die Stadt mit einem verdeckten, grossen Bazar anschliesst; der Zugang zur Festung ist nur von einer Seite möglich, da sie von den anderen Seiten mit Wasser umgeben ist; jenseits des Wassers liegen Gärten und Häuser. Diese Festung mit Sturm zu nehmen, hätte viel Mühe und Opfer gekostet.

Die ebenfalls aus Lehmwürfeln errichtete Mauer dieser Festung ist ca. 30 Fuss hoch und 2 — 3 Faden dick. In der Höhe nimmt die Mauer etwas an Dicke ab; oben ist sie mit einer von Schiessscharten durchbrochenen Brustwehr gekrönt. Chasar-asp galt bei den Chiwesen als die stärkste Veste.

Nachdem wir eingerückt und durch die Stadt geritten waren, stiegen wir in einem Palast des Chans ab, um uns einige Stunden zu erholen. Es war dieses ein grosses, in seinem Innern einen freien, von Bananenbäumen beschatteten Platz einschliessendes, dreistöckiges Gebäude, in dessen Fronte sich die Moschee (Medsched) und Schule (Medresse) befanden. Die dem Platz zugewandte Seite der Fronte war sehr hübsch: sie war mit weiss- und blaugestreifter Glasurmasse bedeckt und von beiden Seiten von einem Thurm flankirt. Die Wände der Zimmer waren auch mit blau- und weissgestreifter Glasurmasse bekleidet. Ausserdem zeigte noch die eine Wand eines im Erdgeschoss gelegenen Zimmers, in dem ein Bett stand, Stuckatur-Arbeit aus weisser Kalkmasse. Die Strassen der Festung und der Stadt waren schmal und krumm; die Häuser viereckige Lehmhütten mit flachen Dächern; sie waren zur Strasse hin stets von Ställen abgeschlossen. Bei den Bewohnern fanden sich viele Vorräthe, doch rückten sie mit denselben selbst für Geld nicht heraus. — Nach kurzer Rast brachen wir auf und nahmen ca. 4 Werst rückwärts einen Lagerplatz ein. Jedem blieb es überlassen, seine Sachen von Scheicharik aus herüberzuschaffen. In Chasar-asp blieb eine Garnison. Dem neueingesetzten Commandanten wurde der Befehl ertheilt, baldmöglichst 400—500 Arben zu schaffen, damit wir weiter rücken könnten.

24. Mai. Der Bivouak-Platz ist prächtig: im Schatten, ohne Sandstaub und ohne Nahrungssorgen. Es kommt die Nachricht, dass der General Werewkin sich in einer Entfernung von 45 Werst befindet; wir sind von Chiwa 63 Werst entfernt; der Weg führt stets durch Gärten. Am 25. Mai kommt eine bucharische Gesandtschaft an, die dem Ober-Commandirenden Geschenke und einen Glückwunsch von dem Emir von Buchara überbringt. Am 26. erscheint wieder eine Gesandtschaft vom Chan von Chiwa, die abermals dumm und arrogant gehaltene Briefe an den Ober-Commandirenden übergiebt; sie wird, wie sie es verdient, ohne Antwort heimgesandt. Den 27. Morgens rücken wir aus und marschiren ca. 20 Werst. Den 28. Morgens wieder weiter, ca. 20 Werst; wir beziehen Nachmittags ein Bivouak an einem künstlich geschaffenen See, der dadurch entstanden ist, dass man die eine Wand eines grossen Arik's eingerissen hat. Am Abend kommt eine Gesandtschaft vom Chan von Chiwa — der Vetter des Chans — und zeigt an, dass der Chan sich dem Kaiser von Russland bedingungslos unterwerfe und sich „fortan als sein Sklave fühle." Er bitte den General v. Kaufmann, zu befehlen, dass der General Werewkin das Bombardiren der Stadt Chiwa einstelle. An Werewkin geht sofort ein Bote ab. Dem Chan wird befohlen, dem General v. Kaufmann morgen auf der Hälfte des Weges entgegen zu kommen. — Als wir am 29. Mai 12 Werst gemacht hatten und Chiwa auf einige Werst nahe waren, kam uns der alte Onkel und Schwiegervater des Chan's, in Begleitung des jüngeren Bruders und des Vetters desselben entgegen, um die Stadt Chiwa zu übergeben; zugleich meldeten sie, dass der Chan mit Jomuden-Turkmenen gestern Abend aus der Stadt geflohen wäre, bevor noch die Gesandtschaft aus un-

serem Lager heimgekehrt sei. Gleich darauf stiess zu uns eine Begrüssungs-Abtheilung von dem orenburgschen Detachement, welches dem Ober-Commandirenden entgegen gesandt worden war. Der General v. Kaufmann musterte diese Truppen, unter denen die Kaukasier besonders vortheilhaft auffielen, und dann zogen wir, nachdem wir uns zuerst etwas erholt hatten, mit klingendem Spiel in Chiwa ein. Zum ersten Mal betrat der Fuss eines siegreichen, fremdländischen Feindes diese Stadt, deren Boden mit so vielem Blute der Glieder der verschiedensten Völkerstämme getränkt worden ist und welche überhaupt Feinde nur dann gesehen hatte, wenn sie als Besiegte und Gefangene in den Kreis der Ringmauern getreten waren. Nun ruhten wir kurze Zeit aus im Palaste des Chans; dann ritt General v. Kaufmann zu dem orenburg-kaukasischen Detachement und wir kehrten in unser Lager zurück. Am 30. Mai wurde unser Lager näher nach Chiwa hin, $1^1/_2$ Werst von der Stadt, in und um einen Garten des Chans verlegt. Hier standen wir bis ich wegreiste, d. h. bis zum 17. Juni 1873.

Wohl ein Jeder von uns war, als wir in Chiwa einzogen, mehr oder weniger enttäuscht, denn, hatte die Anspruchslosigkeit und Unansehnlichkeit der Wohnhütten in der Umgegend der Stadt uns auch schon darauf vorbereitet, dass wir unsere Hoffnung nicht hoch spannen sollten, so trat uns in Chiwa doch eine Einfachheit entgegen, die wohl von Keinem von uns erwartet worden war. Die Stadt, welche eine recht grosse Ausdehnung hat, so dass in ihr nach der Aussage einiger Chiwesen gegen 30,000 Menschen wohnen, ist von einer 30—40 Fuss hohen Mauer, die von 5 Thoren durchbrochen ist, umgeben. Ausserhalb der Mauer umfliesst die Stadt der Kanal Palwan-arik, der somit dem Festungs-Graben entspricht. Dieser Palwan-arik erhält sein Wasser oberhalb der Stadt Chiwa aus dem Amu-Darja, und ist 70—80 Werst lang; er läuft nicht in gerader Linie, sondern macht Bögen und verschmälert sich allmälig, indem er von seinen Seiten Kanäle abgiebt, die sich wiederum verzweigen, wie ja die ganze Oase gleichsam von einem Kanal-Netz durchzogen wird. Bei Chiwa selbst hat der Palwan-arik eine Breite von 20—30 Fuss und die Strömung des Wassers in ihm ist so stark, dass es — was ich aus eigener Erfahrung bestätigen kann — fast nicht möglich ist, gegen dieselbe zu schwimmen. Das Wasser selbst ist tummig, wie dasjenige des Amu-Darja, indem sich in ihm Schlammtheile von brauner Farbe suspendirt finden, die sich beim Stehen des Wassers sofort zu Boden senken; der Geschmack des Wassers ist sehr angenehm; die Temperatur war $+18-22^0$, bei einer Luft-Temperatur von $+38^0$ im Schatten. Die die Stadt umgebende Mauer hat, wie oben erwähnt, eine Höhe von 30—40 Fuss und eine beträchtliche Dicke, welche durchschnittlich 2—3 Faden, an den Thoren jedoch 7—8 Faden beträgt. Sie ist aus würfelförmigen, mit Schlammtheilen gemischten, an der Sonne getrockneten Lehm-Blöcken (die Hitze in der Sonne erreicht $+50^0$) aufgeführt. Durch die Beimengung der im Amu-Darja- und Kanal-Wasser enthaltenen Schlammtheile erhält der Lehm eine ganz besondere Zähigkeit; als Bindemittel zwischen den einzelnen Blöcken dient Schilf und Stroh. Die Widerstandskraft einer solchen Mauer gegen Geschosse ist sehr gross; wie Fachmänner versicherten, soll sie grösser als bei den aus Ziegelsteinen aufgeführten Mauern sein, da sich selbst Spreng-Geschosse grösseren Kalibers in ihr verfangen. Nach innen von dieser (äussersten) Wallmauer beginnt die Stadt. Wie gewöhnlich liegt in der Stadt, neben dem Thor, erst ein Begräbnissplatz, und an diesen schliessen sich die Wohnhäuser an. Auch mitten in der Stadt, in dem Umkreis der Moscheen, finden sich Begräbniss-Plätze, die rundum von Wohnhäusern umschlossen sind. Das Centrum der Stadt, welches höher gelegen ist, bildet die Festung; diese ist von der Stadt wiederum durch einen hohen Wall, der der äusseren Ringmauer ähnlich ist, geschieden. Nach innen von diesem Festungswall beginnt der sogenannte Bazar — die verdeckte Markt-Halle — mit dem Karawansarei — die Unterkunfts-Halle für die Chiwa passirenden Karawanen. Der Bazar erstreckt sich fast bis zum sogenannten Palast des Chans, der wiederum von einer hohen Mauer umgeben ist. Die die Stadt durchschneidenden Strassen sind so schmal, dass nur an einzelnen, etwas breiteren Stellen, zwei Fuhrwerke an einander vorüberfahren können. Die Häuser, welche an Strassen liegen, sind von diesen meist durch eine ca. 9—10 Fuss hohe Mauer, die den zum Hause gehörenden Hof umgiebt, getrennt. Das Wohnhaus selbst liegt im Hofe. Die Mauern und die Häuser sind aus demselben Material wie die Stadtmauern aufgeführt.

Die Häuser gleichen viereckigen Kasten und enthalten im Innern 3 — 4 Zimmer und einen Korridor; als Fenster dienen viereckige Oeffnungen, die meist durch Holzläden zu verschliessen sind; auch die Thüren sind von Holz; an den Letzteren kommen eiserne Riegel und Vorhängschlösser russischer Arbeit vor, ja, an einzelnen Thüren habe ich sogar in das Holz eingelassene, wenn auch schlecht gearbeitete Schlösser gefunden. Schornsteine existiren nicht; zum Heizen dienen Kohlenbecken oder ein auf der Diele aufgeführter

Holzstoss: der Rauch und Dunst ziehen durch eine in der Decke des Wohnraumes oder nahe derselben angebrachte Oeffnung ab. Das flache Dach des Hauses dient als Kornkammer oder meist als Kleescheune; dieses ist möglich, da der Regen in Chiwa etwas sehr seltenes ist. Als wir an zwei auf einander folgenden Tagen (13. und 14. Juni) je einen circa 15 Minuten andauernden Regenschauer mit Gewitter hatten, dem ein enormer Sturm vorherging, welcher zwar nur ca. 10 Minuten dauerte, aber bedeutenden Schaden anrichtete, da fassten die Chiwesen diese Erscheinung als eine ihnen ungünstige That des russischen Gottes auf. — Dem flachen Dach geben Streckbalken die gehörige Stütze; diese Streckbalken bewahren auch die Wände vor dem Einsturz. Zweistöckige oder mehrstöckige Gebäude kommen nur als Moscheen, Schulen und als Wohnhäuser des Chans, der Familie des Chans und der ersten Würdenträger des Reichs vor. Eine hübsche, von Kunstsinn Zeugniss gebende Façade haben fast nur die Moscheen und Schulen; auch das Innere der letztgenannten Gebäude ist häufig schön gewölbt (Spitzbögen) und nicht selten findet man hier Säulen oder einzelne Wände, die mit bunt-glasirten Ziegeln geschmückt sind. Ausser einigen Moscheen und Schulen sind noch bemerkenswerth: der Palast des Chans und ein Paar aus buntglasirten Ziegeln aufgeführte Thürme, von denen besonders ein Thurm die Aufmerksamkeit des Reisenden auf sich zieht, da er alle anderen Thürme an Umfang und Höhe überragt und nicht beendigt ist: er gehört zur Schule des Palastes des Chans, bildet einen horizontal abgestumpften Kegel und wurde von dem verstorbenen Chan sich selbst zum Preise und Andenken erbaut. Der Chan starb; der jetzt lebende Chan hatte zur Fortsetzung des Baues keine Mittel und so ist das Denkmal unvollendet geblieben. Der Palast des Chans, zu welchem als Baumaterial ebenfalls die erwähnten Lehmblöcke verwandt sind, zeichnet sich von den übrigen Wohnhäusern der Stadt nur dadurch aus, dass er von einer hohen Mauer umgeben ist, deren Thor ein Paar hübsche, mit buntglasirten Ziegeln geschmückte Säulen zieren und dass er aus zwei Stockwerken besteht. An die Wohnung des Chans, von ihr durch einen kleinen Hof getrennt, schliesst sich der Harem an, zu dem ein vierstöckiger Thurm gehört. Das Innere des Palastes ist einfach: die Zimmer, auch diejenigen des Harems, sind viereckig, niedrig, und haben glatte, kahle Wände. Der Palast liegt an einem grösseren Platz; diesem gegenüber ist eine Moschee. In der Mitte des Platzes, zwischen der Moschee und dem Palast, ist eine 2 — 3 Faden tiefe

Grube von recht grossem Umfang: das war der Hinrichtungsplatz für Diejenigen, denen auf Befehl des Chans der Hals abgeschnitten wurde. Neben dem Thor des Palastes ist eine Zelle, worin die strafende Gerechtigkeit des Chans in Gestalt von drei Chiwesen ihren Sitz hatte, welche die Befehle des Chans an den Schuldigen mit Ruthen, Messern etc. vollführten.

Die Wirthschafts-Räume, Ställe, Scheunen etc. finden sich meist unter einem Dach mit den Wohnräumen. Die ganze Stadt zeichnet sich durch Unreinlichkeit und Schmutz aus. Hinsichtlich der Begräbnissplätze will ich hier noch anführen, dass man die Leichen bei den Chiwesen auf ähnliche Weise bestattet, wie bei den Kirgisen: sie werden in die Erde gelegt und über der Bestattungsstelle wird als Schutz gegen Schakale und andere Raubthiere ein bald kuppelförmiges, bald sargähnliches, nicht dickwandiges Bauwerk aus mit Schlamm gemischtem Lehm aufgeführt; reichen Leuten wird über diesen eigentlichen Grabhügeln noch ein Grabdenkmal in Form einer Kapelle errichtet. Die in dieser Gegend herrschende Dürre und Hitze bildet das einzige Mittel gegen den, in Folge der Verwesung wohl leicht entstehenden Ausbruch von Epidemieen unter den nahe bei den Grabstätten wohnenden Menschen. Nach der Erzählung von Stadtbewohnern sollen jedoch gerade bei Chiwa mitunter ansteckende Krankheiten ausbrechen und die Bewohner der den Begräbnissstätten nächstgelegenen Wohnhäuser zu Hunderten wegraffen. —

Ich schliesse hieran noch einige kürzere Bemerkungen, die für manchen der Leser vielleicht nicht ohne Interesse sein werden. Die Zahl der *Schulen* ist in Chiwa recht bedeutend. Die Kenntniss der Schrift- und Druck-Sprache soll sehr verbreitet sein: selbst alte Leute lernen lesen und schreiben und sogar unter den, hier in grosser Missachtung stehenden Frauen, sollen, wenn auch selten, einzelne als angesehene Gelehrte auftreten.

(Trachten.) Alle Chiwesen — die verschiedenen Turkmenenstämme, Usbeken, die Perser-Sklaven etc. — haben ein von den übrigen Mittel-Asiaten verschiedenes Kostüm, welches aus einem baumwollenen Hemde, baumwollenen Unterbeinkleidern, ledernen Schächtenstiefeln, einem der Länge nach, d. h. von oben nach unten gestreiften dunkelbraunen, wattirten Schlafrock (Chalat) und einer hohen, cylinderförmigen, oben abgerundeten, innen auch mit Schafsfell gefütterten schwarzen (weisse sieht man selten) Schafsfell-Mütze besteht. Diese Mütze wird auf dem glatt-rasirten Kopf Winter und Sommer getragen; durch das Gewicht derselben wird das äussere Ohr bei den Chiwesen

nach unten und vorne gedrängt und behält mit der Zeit diese Richtung bei. Man hat mir versichert, dass in ihrer Stellung derart veränderte Ohren in Mittel-Asien als Erkennungszeichen für Chiwesen gelten und dass nur noch bei einzelnen Afghanen solche Ohren vorkommen (doch sind die Afghanen sonst in ihrem Aeusseren von den Chiwesen verschieden). Der braungestreifte Schlafrock wird von allen Chiwesen getragen und nur der Chan, seine Brüder und nächsten Verwandten und die höchsten Würdenträger des Reiches haben, wenn sie in Gala sind, seidene Schlafröcke. Doch auch diese sind einfarbig, nicht buntfarbig, wie bei den Bucharen. Als Zeichen ihrer hohen Würde tragen alsdann die ebenerwähnten hochgestellten Personen fast cylinderförmige, oben nicht abgerundete, sondern horizontal abgeschnittene und mit einem Sammtstücke geschlossene Schafsfell-Mützen, welche oben etwas weiter sind wie am Kopfe und vollkommen den sogenannten russischen Bojaren-Mützen gleichen. — Das Kriegs-Kostüm der Chiwesen unterschied sich, mit Ausnahme der Waffen, nicht von der Kleidung im Frieden. Die Bewaffnung bestand in einem Speer, einer alten Luntenflinte, einem Säbel; Einzelne hatten auch eine alte Pistole; an einem Leibgürtel hingen in verschiedenen Taschen ein Gebetbuch und Pulver und Blei. Flinten neueren Systems und guter Arbeit hat man nur als Besitzthum des Chans und einzelner hochgestellter Personen gefunden.

Die Frauen haben dieselbe Tracht wie die Männer. Nur die Frauen reicher Leute gehen auf der Strasse verschleiert: ein dunkelfarbiger Ueberwurf bedeckt bei ihnen Kopf, Nacken und Schulter und hat vorne ein Netz für die Augen; ärmere Frauen verdecken sich beim Herannahen fremder Männer irgend wie das Gesicht. Als Kopfbedeckung dient im Allgemeinen irgend ein Shawl oder ein Tuch, welches um den Kopf gewickelt wird.

Als *Geld* coursiren Silberstücke, *Tilla* (den persischen und bucharischen Silbermünzen ähnlich), von denen jedes ca. 25 Kopeken werth ist und Kupferstücke, von denen je 37 auf eine Tilla kommen.

Der *Staatsschatz* des Chans, der in seinem Palast vorgefunden wurde, war nicht sehr reichhaltig.

Unter Anderem fand man ausser dem, mit Goldblechstücken und schlechten Edelsteinen verzierten Reitzeuge und Teppichen auch den *Schmuck der Frauen des Chans,* welcher aber, nach dem Ausspruch der den General v. Kaufmann begleitenden Gesandten von Chokand und von Buchara auch keinen hohen Werth hat. Dieser Schmuck bestand aus Bändern, die mit Goldplättchen oder Plättchen von vergoldetem Silber belegt und mit Perlen, Goldkörnern und Edelsteinen verziert waren. Die Letzteren hatten zum grössten Theil sehr geringen Werth, da sie unrein und ungeschliffen waren. Folgende Stücke konnte man dabei unterscheiden: 1) Ein breites Stirnband, welches quer über die Stirn zu den Ohren getragen wird, hier nach unten herunterhängt und in eine grosse Troddel endigt; in der Mitte (auf der Stirn) hat das Band eine Klammer, um eine Agraffe mit einer Reiherfeder zu befestigen; 2) ein kleiner gebogener Stab von Gold oder vergoldetem Silber, der gerade den Augenbrauen entspricht und an seiner untern Kante eine Anzahl von Troddeln aus kleinen Perlen und Goldkörnern hat; er soll, wie man sagte, dazu dienen, um die Augen zu beschatten und ihnen so ein grösseres Feuer zu geben; 3) Ohrringe und Troddeln; 4) zwei Nasenklemmer: für jeden Nasenflügel je ein Klemmer, auch mit Troddeln versehen'; 5) ein Halsband; 6) ein Schulterband; 7) Leibgürtel; 8) Armspangen; 9) Ringe; 10) Beinspangen. Alle einzelnen Stücke sind schwer, so dass der ganze Schmuck ein sehr bedeutendes Gewicht hat; leider haben wir keinen Schmuck gewogen.

Das *Sattelzeug* der Turkmenen gleicht im Allgemeinen demjenigen der Kirgisen, doch sind die Sättel von einem mit Leder bespannten leichten Holzgestell und die Decken haben eine dunkle Farbe. Krasse, buntfarbige Decken und Seidenzeuge nach dem Geschmack der Bucharen findet man nicht bei den Chiwesen.

Am 17. Juni 1873 ging der erste Courier von Chiwa aus nach St. Petersburg und mit ihm traten der Grossfürst Nikolai Konstantinowitsch, der General Werewkin und mehrere Offiziere die Rückreise in die Heimath an; auch ich befand mich in der Zahl der Letzteren, da meine Aufgabe gelöst war. — Zum Zweck der Rückreise waren am 12. Juni grosse chiwesische Böte (Kajuki) unter dem Schutze einer Compagnie Infanterie den Palwan-arik hinauf, bis zum Ursprung des Letzteren aus dem Amu-Darja und dann diesen Strom hinab bis in die Nähe von Urgendsch gesandt worden; als am 16. Abends die Nachricht in das Lager gekommen war, dass die Böte dem Bestimmungsorte nahe wären, brachen wir den 17. Juni Morgens zu Pferde auf und erreichten gegen Abend desselben Tages den Halteplatz der Böte. Diese Böte oder sogenannte Kajuki haben, wie schon oben erwähnt, die Breite und Länge von gewöhnlichen Holzbarken, so dass auf ihnen ca. 10—20 Personen und 8 Pferde Platz finden können; sie sind flach und haben keinen Kiel. Den 18. Juni Morgens 3 Uhr brachen wir auf: im Ganzen 14 Böte; als Ruderer dienten — mit Ausnahme von 3 Böten, auf denen Chiwesen ruderten — Soldaten der Schützen-Compagnie des 8. turkestanischen Linien-Bataillons, die zugleich auch die Besatzung bildeten. Die uns gestellte Aufgabe war, nicht auf dem Amu-Darja hinunter, bei Kungrad vorbei, zu gehen, sondern zu versuchen, auf einem Nebenarm des Amu-Darja, den Ulkun-Darja, auf dem die Dampfschiffe der Aralsee-Flotte sich befanden, zu erreichen. Am 18. Juni Abends hatten wir ca. 60 Werst zurückgelegt (ein Topograph begleitete uns auf einem kleinen Boote und arbeitete während der Fahrt); das Bivouak wurde an einer sumpfigen Stelle in hohem Schilfrohr bezogen.—Ich folge jetzt meinen Tagebuch-Notizen. Am 19. Juni wurde die Fahrt stellenweise schwierig, da wir auf seichte Punkte kamen, an denen nicht gerudert werden konnte, sondern wo die Böte mittelst Stangen gestossen werden mussten. Nachdem wir des Morgens 4 Uhr aufgebrochen waren und Mittags 3 Stunden geruht hatten, schlugen wir Abends ca. 9 Uhr inmitten eines Sumpfes, der mit 13—15 Fuss hohem Schilfrohr bedeckt war, das Bivouak auf; wir hatten an diesem Tage ca. 40 Werst zurückgelegt. Am folgenden Tage (den 20. Juni) wurde die Fahrt noch schwieriger, da das Schilfrohr dichter, das Fahrwasser dabei schmäler wurde und häufiger scharfe Krümmungen machte. Dazu war die Hitze kaum zu ertragen; der Bord des Bootes wurde so heiss, dass man die Hand nicht anlegen konnte, ohne einen brennenden Schmerz zu empfinden. Die Nacht, die wir inmitten des Schilfrohrs zubrachten, war sehr feucht und Moskitos, Mücken und Wespen betrachteten uns als feinschmeckende Beute. Am 21. Juni wurde das Fahrwasser noch schmäler, das Schilfrohr höher und stand in noch dichteren Massen zusammen, so dass das vorderste Boot sich den Weg mit dem Beile bahnen musste; die Krümmungen des Fahrwassers waren so scharf, das Schilfrohr so dicht und so hoch, dass die hart hintereinander gehenden Böte einander aus dem Gesicht verloren und für die hinterher fahrenden Böte stets Zeichen aufgestellt wurden, (man machte Knoten aus dem Rohr etc.); die Hitze war höchst peinigend; warmer Thee behielt seine Temperatur vom Morgen bis zum Abend. Um Mittag hielten wir bei einem Karakalpaken-Dorfe an, wo wir uns mit Speisevorräthen versorgten und ich in die Lage kam, medicinischen Rath zu ertheilen. Die Zahl der Hülfe Begehrenden wurde schliesslich so gross, dass ich aus Mangel an Medicamenten die Ambulanz schliessen musste. Das Aeussere der Karakalpaken erinnerte lebhaft an dasjenige der Hunnen mit viereckigen Köpfen, geschlitzten Augen, vorstehenden Backenknochen etc., wie es die Geschichtsschreiber schildern. Die Fahrt am Nachmittag war leichter, da das Fahrwasser besser wurde; Abends Bivouak wieder bei einem Karakalpaken-Dorf. In der Nacht war es kalt und feucht, Mücken plagten uns bedeutend, am Morgen hatte es stark gethaut. An diesem Tage, 10 Uhr Morgens, sahen wir einen Heuschreckenzug, der eine Länge von 10—15 Werst hatte. Auf der Strecke, die der Zug passirt hatte, war das Schilfrohr seiner grünen Hüllen vollkommen entblösst und Milliarden Heuschrecken sassen auf den kahl gefressenen Rohrstengeln. Am 22. wiederholte sich das an den vorhergegangenen Tagen Erlebte. Am Nachmittag führten uns die Führer irre, wir mussten umkehren und 2¹/₂ Stunden stromaufwärts rudern. Hierauf landeten wir um ca. 8¹/₂ Uhr Abends bei einem Berge, der nach der Butakow'schen Karte als der Kischkanetau erkannt wurde. Man erblickte am Horizont ein, einem Schiffsmast ähnliches Gebilde. Aus einem nahegelegenen Aul herbeigerufene Kirgisen geben an, dass die Dampfschiffe ca. 30 Werst von uns entfernt wären. Nachdem wir die Nacht trotz der äusserst bissigen Moskitos und Mücken recht leidlich geschlafen hatten, brachen wir am 23. Juni um 3 Uhr Morgens auf, passirten bei gutem breiten Fahrwasser die Seeen Kara-kull (Кара-кулъ) und Ssari-kull (Сары-кулъ) und trafen um ca. 11 Uhr Vormittags bei den auf dem Ulkun-Darja liegenden Dampfschiffen ein. —

Hiermit hatten die Strapazen der Expedition für uns ihr Ende erreicht. Denselben Abend fuhren wir bis zur Mündung des Amu-Darja in den Aralsee. Das Ufer des Ulkun-Darja, besonders das rechte oder russische Ufer war von Kirgisen-Aulen wie besät; Tabunen von Pferden und grosse Schaf- und Rinder-Heerden belebten die Gegend und gaben ihr den Anblick eines bebauten, in Frieden blühenden Landstriches. Die Kirgisen hatten alsbald bemerkt, dass die Russen ihnen kein Leid zufügten und sich unterhalb der Dampfschiffe am Flusse niedergelassen, besonders am rechten Ufer. Am 25., 10 Uhr Morgens, trafen wir an der Mündung des Syr-Darja ein (die Strecke von der Mündung des Amu-Darja bis zu der des Syr-Darja hatten wir bei dem ruhigsten, schönsten Wetter in 30 Stunden zurückgelegt) und den 26. Juni, 3 Uhr Nachmittags, landeten wir bei Kasalinsk. Von hier aus reisten wir in einzelnen kleinen Partieen mit Postpferden in die Heimath. Am 6. Juli traf ich in Ssamara ein, von wo aus nach St. Petersburg im Sommer eine schöne regelmässige Verbindung besteht, per Dampfschiff bis Ssaratow oder Nishnij-Nowgorod, und dann weiter per Eisenbahn.